Institut für Arbeitsmarkt-
und Berufsforschung

Die Forschungseinrichtung der
Bundesagentur für Arbeit

IAB-Bibliothek 357

Die Buchreihe des Instituts für Arbeitsmarkt- und Berufsforschung

Vereinbarkeit von Familie und Erwerbsarbeit im Bereich prekärer Einkommen

Torsten Lietzmann

Dissertationen

wbv

> Bibliografische Information der Deutschen Nationalbibliothek
> Die Deutsche Nationalbibliothek verzeichnet diese Publikation in der Deutschen Nationalbibliografie; detaillierte bibliografische Daten sind im Internet über http://dnb.ddb.de abrufbar.

Inaugural-Dissertation zur Erlangung des akademischen Grades eines Doktors der Wirtschafts- und Sozialwissenschaften (Dr. rer. pol.)

der Friedrich-Alexander-Universität Erlangen-Nürnberg

vorgelegt von: Dipl.-Soz. Torsten Lietzmann

aus: Bayreuth

Erstreferent: Professor Dr. Martin Abraham
Zweitreferent: Professor Dr. Monika Jungbauer-Gans
letzte Prüfung: 08.05.2014

Herausgeber der Reihe IAB-Bibliothek: Institut für Arbeitsmarkt- und Berufsforschung der Bundesagentur für Arbeit (IAB), Regensburger Straße 104, 90478 Nürnberg, Telefon (09 11) 179-0
■ **Redaktion:** Martina Dorsch, Institut für Arbeitsmarkt- und Berufsforschung der Bundesagentur für Arbeit, 90327 Nürnberg, Telefon (09 11) 179-32 06, E-Mail: martina.dorsch@iab.de
■ **Gesamtherstellung:** W. Bertelsmann Verlag, Bielefeld (wbv.de) ■ **Rechte:** Kein Teil dieses Werkes darf ohne vorherige Genehmigung des IAB in irgendeiner Form (unter Verwendung elektronischer Systeme oder als Ausdruck, Fotokopie oder Nutzung eines anderen Vervielfältigungsverfahrens) über den persönlichen Gebrauch hinaus verarbeitet oder verbreitet werden.

© 2016 Institut für Arbeitsmarkt- und Berufsforschung, Nürnberg/
W. Bertelsmann Verlag GmbH & Co. KG, Bielefeld

In der „IAB-Bibliothek" werden umfangreiche Einzelarbeiten aus dem IAB oder im Auftrag des IAB oder der BA durchgeführte Untersuchungen veröffentlicht. Beiträge, die mit dem Namen des Verfassers gekennzeichnet sind, geben nicht unbedingt die Meinung des IAB bzw. der Bundesagentur für Arbeit wieder.

ISBN 978-3-7639-4101-8 (Print)
ISBN 978-3-7639-4102-5 (E-Book)

Best.-Nr. 300901   www.iabshop.de   www.iab.de

Inhalt

Vorwort		5
1	**Einleitung**	**7**
1.1	Relevanz des Themas	7
1.2	Verschärfung der Vereinbarkeitsthematik, familiärer Wandel und die materielle Lage von Familien	9
1.3	Handlungsmodell	10
1.4	Aufbau der Arbeit	15
Literatur		17
2	**Bedürftigkeit von Müttern: Dauer des Leistungsbezugs im SGB II und Ausstiegschancen**	**21**
Zusammenfassung		21
2.1	Einleitung	21
2.2	Konzeptuelle Überlegungen, Forschungsstand und Hypothesen	23
2.2.1	Wandel der Familie und Vereinbarkeit von Familie und Erwerbstätigkeit	23
2.2.2	Dynamische Armutsforschung und SGB-II-Bezug	24
2.2.3	Forschungsstand zu Transferbezug von Familien	26
2.2.4	Hypothesen	26
2.3	Datenbasis und Methoden	29
2.4	Deskriptive Ergebnisse	32
2.5	Ergebnisse der multivariaten Analyse	36
2.6	Zusammenfassung der Ergebnisse	43
2.7	Ausblick	45
Literatur		45
3	**After recent policy reforms in Germany: Probability and determinants of labour market integration of lone mothers and mothers with a partner who receive welfare benefits**	**51**
Abstract		51
3.1	Introduction	51
3.2	Policy Reforms in Germany: towards an adult worker model?	52
3.2.1	German gender arrangement and trends in German Family Policy	53
3.2.2	Social Policy: Reform of basic income support in 2005	55
3.3	Benefit receipt, poverty and labour market participation in a family and gender context	56
3.3.1	Welfare benefit receipt and labour market participation of families	56
3.3.2	Theoretical framework and hypotheses	57
3.4	Data and Methods	60
3.5	Descriptive Results	61

3.6	Multivariate results	65
3.7	Discussion	73
3.8	Conclusion	75
References		77
4	**Individuelles Arbeitsmarktverhalten und Überwindung der Bedürftigkeit von Müttern im SGB II: Analyse eines zweistufigen Prozesses**	**83**
Zusammenfassung		83
4.1	Einleitung	83
4.2	Theoretischer Rahmen und Hypothesen	85
4.3	Daten und Methoden	90
4.4	Ergebnisse: Inzidenz von Arbeitsaufnahmen und damit einhergehender Bedarfsdeckung	93
4.5	Multivariate Ergebnisse	95
4.5.1	Determinanten von Arbeitsaufnahmen	95
4.5.2	Determinanten der Bedarfsdeckung	98
4.6	Diskussion: Unterschiedliche Hürden auf den beiden Stufen des Prozesses und die Relevanz des Beschäftigungsumfangs	106
4.7	Zusammenfassung	110
Literatur		111
Anhang		114
5	**Institutionelle Kinderbetreuungs- und Erwerbstätigkeitsarrangements in Deutschland**	**117**
Zusammenfassung		117
5.1	Einleitung	117
5.2	Theorie, Hypothesen und Forschungsstand	118
5.2.1	Erwerbstätigkeitsansatz	119
5.2.2	Restriktionen	120
5.2.3	Forschungsstand	123
5.3	Daten und Methoden	125
5.4	Ergebnisse	130
5.4.1	Determinanten der Nutzung von Kinderbetreuung und der Müttererwerbstätigkeit	130
5.4.2	Determinanten der Muster von Kinderbetreuungs- und Erwerbstätigkeitsarrangements	136
5.5	Zusammenfassung	139
Literatur		142
6	**Zusammenfassung der Hauptergebnisse der Arbeit**	**145**
Literatur		147
Kurzfassung		**149**
Abstract		**151**

Vorwort

Die hohe Zahl von Alleinerziehenden im Leistungsbezug der Grundsicherung für Arbeitsuchende nach SGB II (Hartz IV) wie auch deren höhere Bezugsdauer waren mit die ersten und markantesten Ergebnisse der Forschung zu diesem – 2005 neu geschaffenen – Leistungssystem. Diese Befunde bildeten den Ausgangspunkt der hier vorgelegten Arbeit. Die dynamischen Aspekte des Leistungsbezugs werden am IAB in der Forschungsgruppe „Dynamik in der Grundsicherung" erforscht, in der ich seit Mitte 2008 tätig bin. Ich danke dem ehemaligen Leiter der Forschungsgruppe Helmut Rudolph für die (Mit-)Entwicklung und Begleitung des spannenden Dissertationsprojektes an der Schnittstelle von Armuts-, Arbeitsmarkt- und Familienforschung, welches auch im Bereich von Politik und Praxis auf großes Interesse gestoßen ist. Ebenfalls wäre das Projekt ohne die Unterstützung durch die anderen Mitglieder der Forschungsgruppe (Tobias Graf, Doreen Makrinius-Hahn und Lena Koller-Bösel) so nicht möglich gewesen. Ein besonderer Dank gilt meiner Koautorin Claudia Wenzig.

Meinem Doktorvater Prof. Martin Abraham danke ich für die konstruktive und vertrauensvolle Betreuung der Arbeit und die wichtigen Hinweise zur Verbesserung der Arbeit. Das Gleiche gilt für die Anregungen der Zweitgutachterin Prof. Monika Jungbauer-Gans und der Teilnehmer/innen der gemeinsamen Doktoranden- und Habilitandenseminare der beiden Lehrstühle für „Soziologie und Empirische Sozialforschung" und für „Empirische Wirtschaftssoziologie". Des Weiteren profitierte die Arbeit vom Feedback auf internationalen Konferenzen der „European Sociological Association" und der „European Society on Family Relations" sowie der IAB-Arbeitsgruppe „Geschlechterforschung" und zahlreichen Gesprächen mit Kolleginnen und Kollegen am IAB.

Zuletzt gilt mein Dank meiner Familie und meinen Freunden für die Unterstützung in einer zuweilen ziemlich arbeitsreichen Zeit.

1 Einleitung

1.1 Relevanz des Themas

Diese Arbeit befasst sich mit der Frage der Vereinbarkeit von Erwerbstätigkeit und Kinderbetreuung in Haushalten mit niedrigem Einkommen. Insbesondere werden die Chancen analysiert, eine Situation mit begrenzten finanziellen Mitteln verlassen zu können und inwieweit diese Chancen von Kinderbetreuungsaufgaben und dem Zugang zu öffentlicher Kinderbetreuung beeinflusst werden. Im Mittelpunkt der Analyse stehen Mütter in Haushalten, die Leistungen der Grundsicherung für Arbeitsuchende beziehen und deren Möglichkeiten, erwerbstätig zu sein und damit substanziell zu einer Verbesserung der finanziellen Lage der Familie beizutragen. Es wird explizit nach der Familienform, Alleinerziehend oder Paarfamilie, unterschieden, da damit eine unterschiedliche Bedeutung der Erwerbstätigkeit der Mutter einhergeht und sich auch die Ressourcen und Restriktionen im Haushalt anders darstellen.

Dies ist ein Thema, das aus mehreren Perspektiven interessant ist: zum einen aus einer *sozial- und armutspolitischen* Perspektive, da in Deutschland Kinder, kinderreiche Familien und vor allem Alleinerziehende überdurchschnittlich häufig armutsgefährdet sind (Grabka et al. 2012) und auch überproportional im Bereich der Grundsicherung zu finden sind. Das Risiko, Leistungen der Grundsicherung zu beziehen, ist für Haushalte mit Kindern deutlich höher als für vergleichbare kinderlose Haushalte (Statistik der Bundesagentur für Arbeit 2014; Lietzmann et al. 2013). Leistungsbezug geht mit einem geringeren Lebensstandard (Christoph 2008; Lietzmann et al. 2011) und einem schlechteren Gesundheitszustand (Eggs 2013) einher. Insbesondere für Kinder bedeutet eine Armutssituation schlechtere Gesundheit und Wohlbefinden wie auch geringere Bildungschancen (RKI 2010; Wenzig 2005; Holz et al. 2006). Die finanzielle Lage von Kindern ist immer auch abhängig von den Eltern und deren Möglichkeiten der Einkommenserzielung. Hierzu trägt die Erwerbstätigkeit der Mutter wesentlich bei. In Alleinerziehenden-Haushalten ist sie die einzige mögliche Quelle von Erwerbseinkommen, in Paarhaushalten ist bei einem eingeschränkten Lohnpotenzial des Mannes ein zweites Erwerbseinkommen unter Umständen notwendig für eine finanzielle Stabilisierung.

Der Wandel von Familie und die Verteilung von Erwerbs- und Hausarbeit innerhalb von Familien und werden in der *Familiensoziologie* diskutiert. Eine zunehmende Erwerbsorientierung von Frauen in den vergangenen Jahrzehnten war Teil des gesellschaftlichen Wandels, der sich unter anderem in einer Pluralisierung von Familienformen und Biografien ausdrückt (Van de Kaa 1987; Beck 1986; Beck/Beck-Gernsheim 1990). Insbesondere steigende Scheidungszahlen und die Zunahme von Alleinerziehenden-Haushalten stellt die *Familienpolitik* vor neue Herausforderungen. Die Erhöhung der Frauen- und Müttererwerbstätigkeit wird als ein Weg gesehen, um die finanzielle Lage von Familien insgesamt und insbesondere nach einer Scheidung oder Trennung zu stabilisieren (BMFSFJ 2008). Für die Realisierung dieses Zieles ist die Verbesserung der Vereinbarkeit von Familie und Beruf ein entscheidender Ansatzpunkt. Eine Voraussetzung für die Partizipation am Arbeitsmarkt von Müttern ist, dass die Kinderbetreuung anderweitig organisiert werden kann. Entweder durch eine egalitäre Arbeitsteilung innerhalb des Haushalts oder die Bereitstellung außerfamiliärer Betreuungsmöglichkeiten.

Darüber hinaus ist die Aufnahmefähigkeit des Arbeitsmarktes von Bedeutung. In Deutschland existiert ein geschlechtersegregierter Arbeitsmarkt mit einer Konzentration von Frauen in frauenspezifischen Berufen (Achatz 2008). Hinzu kommt, dass Frauen in geringerem Umfang als Männer erwerbstätig sind – vor allem geringfügige Beschäftigung wird hauptsächlich von Frauen ausgeübt (Bäcker/Neuffer 2012). Diese Arbeitsnachfragestruktur ist Teil der *gesellschaftlichen Rahmenbedingungen*, die gemeinsam mit kulturellen, rechtlichen und institutionellen Aspekten das bisherige (west-)deutsche „Gender Arrangement" eines modernisierten „male Breadwinner"-Modells mit weiblicher Hinzuverdienerin bilden (Pfau-Effinger 2001). Diese Rahmenbedingungen setzen beispielsweise durch das Ehegattensplitting und das Konstrukt der geringfügigen Beschäftigung zum einen Anreize für eine nur eingeschränkte Erwerbspartizipation von Frauen und Müttern und können zu einer Arbeitsnachfrage beitragen, die nur geringfügige oder Teilzeitbeschäftigung für Frauen bereithält, obwohl individuell eine umfassendere Erwerbstätigkeit angestrebt wird.

In eine gegenläufige Richtung deutet der jüngst veranlasste Ausbau öffentlicher Kinderbetreuung und auch – zumindest teilweise – die Umorientierung der *Arbeitsmarktpolitik* im Zuge der Einführung der Grundsicherung für Arbeitsuchende nach SGB II. Letztere ist grundsätzlich geschlechtsneutral und fordert von Männern und Frauen, am Arbeitsmarkt aktiv zu sein, und stellt ihnen Instrumente der aktiven Arbeitsmarktpolitik zur Verfügung. Gleichzeitig nimmt das SGB II aber auch Rücksicht auf den Haushaltskontext und schränkt die Forderung nach Verfügbarkeit für den Arbeitsmarkt ein, wenn im Haushalt (Kinder-)Betreuungsaufgaben zu leisten sind. Diese müssen zwar nicht der Mutter zugewiesen werden, in der Praxis zeigt sich aber, dass dies häufig der Fall ist. Insofern wird von einem geschlechterpolitisch ambivalenten Charakter des SGB II gesprochen (IAQ et al. 2009; Jaehrling/Rudolph 2010).

In dieser Arbeit erfolgt eine nähere Analyse des Prozesses einer (nicht) möglichen Überwindung des Leistungsbezugs unter spezieller Berücksichtigung einer etwaigen Erwerbstätigkeit der Mütter in Familien mit Grundsicherungsbezug. Sie soll die Mechanismen aufdecken, die begünstigend oder einschränkend wirken und damit einen Beitrag zur *Arbeitsmarktforschung* leisten, in dem gängige Theorien zum individuellen Handeln auf dem Arbeitsmarkt (z. B. Humankapital- und Arbeitsangebotstheorie) auf Mütter im Einkommensbereich übertragen werden. Es wird geprüft, wie die Arbeitsmarktressourcen der Mütter deren bedarfsdeckende Arbeitsaufnahme beeinflussen und wie dies mit Kinderbetreuungsaufgaben und damit eingeschränkten zeitlichen Ressourcen zusammenhängt. Da die Inanspruchnahme von öffentlicher Kinderbetreuung eine Möglichkeit darstellt, zeitliche Ressourcen für eine Erwerbstätigkeit zu eröffnen, wird daran anschließend untersucht, welche sozialen und ökonomischen Mechanismen den Zugang zur Betreuungsinfrastruktur beeinflussen und inwieweit eine solche Nutzung mit einer Erwerbstätigkeit einhergeht.

Im weiteren Verlauf dieses einführenden Abschnitts wird noch einmal ausführlich das der Untersuchung zu Grunde gelegte Handlungsmodell vorgestellt und die vier einzelnen Teile dieser Arbeit beschrieben.

1.2 Verschärfung der Vereinbarkeitsthematik, familiärer Wandel und die materielle Lage von Familien

In Deutschland wird die Vereinbarkeit von Familie und Beruf von den Betroffenen als problematisch eingeschätzt (BMFSFJ 2008). Vor dem Hintergrund des langfristigen gesellschaftlichen Wandels, der sich in einer steigendenden Bildungsbeteiligung von Frauen und den daraus erwachsenden Ansprüchen auf (volle) Teilhabe am Erwerbsleben ausdrückt, erwächst eine Nachfrage nach Vereinbarkeitspolitiken. Die Mehrheit der jungen Frauen wünschen sich heutzutage eine Erwerbstätigkeit, die mit einem Kinderwunsch vereinbar sein soll (Allmendinger 2009). Die Individualisierung von Lebensläufen speziell auf weiblicher Seite und die geänderte Bedeutung von Kindern sind Ausdruck von geänderten Familienverhältnissen. Die Paargemeinschaft mit Eheschein ist nicht weiter die uneingeschränkte Norm. Vielmehr kann der Wunsch von Frauen nach Erwerbstätigkeit und eigenem Einkommen ein Aspekt sein, der eine Destabilisierung der Ehe im herkömmlichen Sinne bedeuten kann. Faktisch ist auf jeden Fall eine Pluralisierung von Lebensformen zu konstatieren. Viele dieser neu entstehenden Lebensformen sind Alleinerziehenden-Haushalte. Diese sind besonders von Armut betroffen. Dem Wunsch von Frauen, Erwerbstätigkeit und Kindererziehung zu vereinbaren sollten unterstützende Politiken zukommen. Denn ansonsten droht eine weitere Zunahme von Kinderlosigkeit (Konietzka/Kreyenfeld 2007). Gerade Alleinerziehende sind angewiesen auf Vereinbarkeitspolitik, da diese Mütter die einzige mögliche Erwerbseinkommensquelle des Haushalts sind. International vergleichende Studien haben gezeigt, dass Vereinbarkeitspolitik im Sinne von guter Kinderbetreuungsinfrastruktur positive Wirkungen erzielen kann (Hegewisch/Gornick 2011; Jaumotte 2003). Gerade wenn es eine zunehmende Anzahl von alleinerziehenden Haushalten gibt, sollte die Frage nach deren Arbeitsmarktchancen in das Zentrum der Aufmerksamkeit rücken. Wir werden sie im Vergleich zu Müttern in Paarhaushalten beobachten und ihre Chancen berechnen, die finanziell angespannte Lage zu verlassen. Aber es sind genauso Mütter in Paarhaushalten in Niedriglohn-Haushalten gefragt, da die Nutzung von Vereinbarkeitsmöglichkeiten sozial selektiv ist. Das führt bei einer unterstellten Bildungshomogamie zu einer weiteren Verschärfung der Ungleichheit zwischen den Familien; konkret zwischen Doppel- und Eineinhalb-Verdiener-Familien (Esping-Andersen 2009).

1.3 Handlungsmodell

Diese Arbeit befasst sich aus einer armuts- und geschlechtergleichheits-Perspektive mit Müttern im SGB-II-Bezug. Es wird die Dauer ihres Leistungsbezugs in der Grundsicherung für Arbeitsuchende, ihre Ausstiegschancen und die Relevanz einer eigenen Erwerbstätigkeit analysiert. Für diese Mütter und deren arbeitsmarktbezogenes Handeln wird ein sozial und kulturell eingebettetes Modell der individuellen Handlung unterstellt, welches grundsätzlich auf die Mehrung des Nutzens hin orientiert ist. Zwar ist diese Nutzenorientierung und in seiner eng gefassten Form die Annahme eines homo oeconomicus grundsätzlich umstritten. Ich nehme hier dennoch als Ausgangspunkt mit Weber (1922) und Coleman (1990) an, dass individuelles Handeln sinnhaft und auf ein gewisses Ziel ausgerichtet ist. Im Mittelpunkt der hier angestrebten Analyse stehen Mütter in Haushalten mit beschränkten finanziellen Mitteln. So wie es Andreß (1999) beschrieben hat, ist deren Erwerbstätigkeit eine Möglichkeit, die finanzielle Lage der Familie zu verbessern. Des Weiteren sehen die Regelungen des SGB II die Erwerbstätigkeit als ein zentrales Ziel an. Deshalb steht das Arbeitsmarktverhalten dieser Mütter im Mittelpunkt. Es sollen Regeln und Muster herausgearbeitet werden, nach denen diese Mütter handeln und inwieweit eine öffentlich bereitgestellte Betreuungsinfrastruktur hier einen Einfluss ausübt. Diese Entscheidung oder Möglichkeit zu einer Erwerbstätigkeit dieser Mütter wird in einem Handlungsmodell situiert, das sowohl mögliche Nutzenerwägungen für eine solche Erwerbstätigkeit als auch die jeweiligen Restriktionen berücksichtigt (siehe Abbildung 1.1). An zentraler Stelle steht die einzelne Mutter mit ihren persönlichen Eigenschaften und Arbeitsmarktressourcen, die in den Haushaltskontext sowie arbeitsmarkt- und familienpolitische wie gesellschaftliche und kulturelle Rahmenbedingungen eingebettet ist. Vor dem Hintergrund dieses allgemeinen Modells werden einzelne Theorien zu den verschiedenen Aspekten herangezogen und soweit möglich geprüft. Für die einzelne Handlung wird eine Entscheidung zwischen verschiedenen Handlungsalternativen unterstellt, die auf Basis von Nutzenerwägungen erfolgt, die allerdings nicht auf ökonomische oder materielle Abwägungen beruhen muss, sondern auch darüber hinausgehende Aspekte mit berücksichtigen kann, wie dies in jüngeren Arbeiten im Rahmen einer Rational-Choice-Theorie angewendet wird (siehe für einen Überblick Wittek et al. 2013). Die gewählte Handlung ist nach Elster Resultat eines doppelten Filterprozesses: in einem ersten Schritt werden nicht zugängliche Möglichkeiten ausgefiltert, in einem zweiten Schritt wird aus den verbleibenden Optionen eine ausgewählt (zitiert nach Esser 2000). Die den Müttern zur Verfügung stehenden Möglichkeiten sind insbesondere geprägt durch deren zeitliche Verfügbarkeit für den Arbeitsmarkt, die vom Ausmaß von Kinderbetreuungsaufgaben im Haushalt und den Möglichkeiten, diese Aufgaben nach extern zu verlagern, abhängen. Darüber hinaus strukturieren die Arbeitsmarktlage und eine möglicherweise geschlechtsspezifische Arbeitsnachfrage die eventuell zur Verfügung stehenden Stellenangebote.

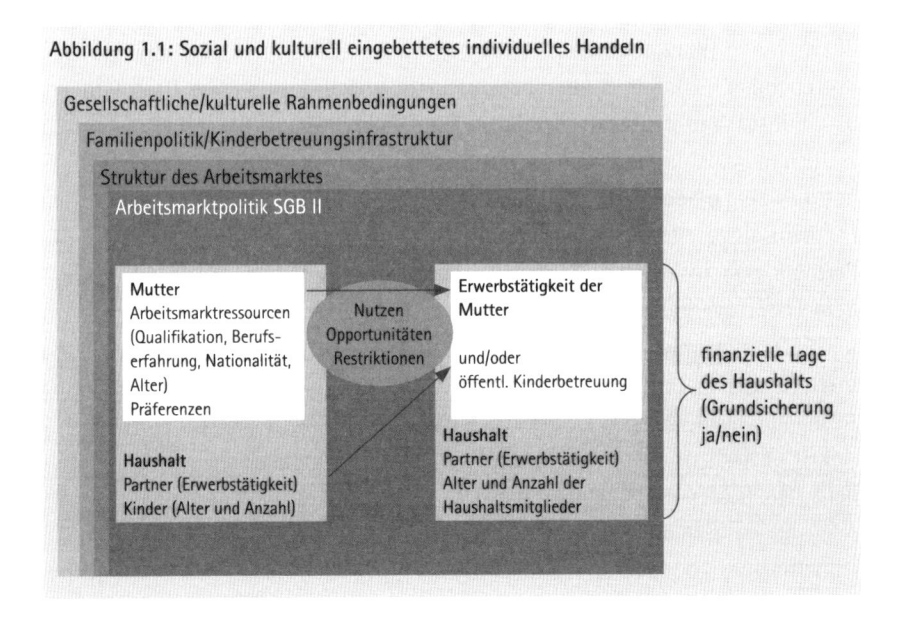

Abbildung 1.1: Sozial und kulturell eingebettetes individuelles Handeln

Gesellschaftliche/kulturelle Rahmenbedingungen
Familienpolitik/Kinderbetreuungsinfrastruktur
Struktur des Arbeitsmarktes
Arbeitsmarktpolitik SGB II

Mutter
Arbeitsmarktressourcen (Qualifikation, Berufserfahrung, Nationalität, Alter)
Präferenzen

Haushalt
Partner (Erwerbstätigkeit)
Kinder (Alter und Anzahl)

Nutzen
Opportunitäten
Restriktionen

Erwerbstätigkeit der Mutter
und/oder
öffentl. Kinderbetreuung

Haushalt
Partner (Erwerbstätigkeit)
Alter und Anzahl der Haushaltsmitglieder

finanzielle Lage des Haushalts (Grundsicherung ja/nein)

Auf Ebene der einzelnen Mutter sind für deren Arbeitsmarktentscheidung ihre Ressourcen und Präferenzen von Bedeutung für die Nutzenerwägung. Das Humankapital – sowohl formale Qualifikation als auch Berufs- und Arbeitsmarkterfahrung als kumuliertes Humankapital durch on-the-job-Training (Becker 1993) – ist ein Indikator für das Lohnpotenzial (Mincer 1974). Dieses Lohnpotenzial erhöht insgesamt zusammen mit der eigenen Einstellung gegenüber Erwerbstätigkeit (als Teil des eigenen Lebensentwurfs und auch zu erwartende nicht materielle Vorteile wie soziale Kontakte, Gefühl einer sinnhaften Tätigkeit usw.) den Nutzen, der aus einer Erwerbstätigkeit erwartet wird. Zu diesen Nutzenerwägungen kommt für die tatsächliche Möglichkeit einer Erwerbstätigkeit der Mechanismus der selektiven Chancen der Platzierung auf dem Arbeitsmarkt hinzu. Hierfür gehen die Theorien des „Labour-Market-Matching" (Sörensen/Kalleberg 1981) und der „Labour Queue" (Thurow 1975) davon aus, dass für eine erfolgreiche Platzierung auf dem Arbeitsmarkt individuelle Ressourcen wie Fähigkeiten, Qualifikation und Merkmale wie Alter, Nationalität, Gesundheit u. Ä. verantwortlich sind.

Auf der nächsten Ebene – dem Haushaltskontext – kommen weitere Faktoren ins Spiel, die sowohl die Nutzenerwägungen als auch die Restriktionen betreffen. Die Anzahl und das Alter der im Haushalt lebenden Kinder stellen Indikatoren für den Betreuungsaufwand dar, der im Haushalt oder anderweitig gedeckt werden muss, da das Kindeswohl und die Erziehung gewährleistet werden muss. Im Haushaltskontext gesehen beeinflusst die Kinderbetreuung die Abwägung zwischen Haus- und Erwerbsarbeit. Je höher der Kinderbetreuungsbedarf, desto höher ist auch der Nutzen, der durch Zeit, die im Haushalt eingesetzt wird, „produziert" wird (Blau et al. 2001) relativ zur Erwerbsarbeit und auch die relativen Kosten einer externen Kinderbetreuung. Gleichzeitig entstehen Restriktionen, da die insgesamt begrenzte Zeit sowohl auf Erwerbs- und Hausarbeit aufgeteilt werden muss. Ist im Haushalt der Mütter zusätzlich ein Partner vorhanden, eröffnet dies zum einen die Chance, die Kinderbetreuungsaufgaben zwischen beiden Partnern aufzuteilen und zum anderen existiert durch die Erwerbstätigkeit des Partners eine zusätzliche Einkommensquelle. Dies reduziert den Druck, der auf dem Erwerbsverhalten der Mutter für die finanzielle Lage des Haushalts liegt und liefert einen Beitrag zur Erklärung, warum Alleinerziehende besonders häufig materiell benachteiligt sind. Andererseits entsteht in Paarhaushalten ein neuer Aushandlungsmechanismus, der die Entscheidung über eine Muttererwerbstätigkeit beeinflusst. Unter der Voraussetzung, dass mindestens ein Partner Familienarbeit leisten muss, werden die relativen Lohnpotenziale der beiden Partner relevant, was sich auf Grund der höheren Verdienste von Männern in Deutschland (Hinz/Gartner 2005) ceteris paribus nachteilig für die Mütter auswirken dürfte. Das Einkommen des Partners geht zudem als Nichterwerbseinkommen in die Arbeitsangebotsentscheidung ein; ein höheres Nichterwerbseinkommen führt demnach zu einem reduzierten Arbeitsangebot (Mincer 1962). Der Haushaltskontext hat insgesamt einen entscheidenden Einfluss auf die gesamte finanzielle und materielle Lage des Haushalts. Für die Armutsgefährdung und den Bezug von Leistungen der Grundsicherung ist der Haushalt die Basis der Berechnung bzw. der Leistungsgewährung, indem das Gesamteinkommen des Haushalts in Verbindung mit der Haushaltsgröße gesetzt wird.

Ist der Haushalt leistungsberechtigt für Leistungen der Grundsicherung für Arbeitsuchende, unterliegen auch alle seine erwerbsfähigen Mitglieder der Arbeitsmarktpolitik im SGB II. Das bedeutet, dass das oberste Ziel die Beendigung bzw. Reduzierung der Bedürftigkeit durch Eigenbemühungen um Erwerbsarbeit zum Tragen kommt. Die Arbeitsverwaltung kann somit eine Arbeitsmarktpartizipation einfordern und Instrumente der aktiven Arbeitsmarktpolitik einsetzen, um die Integrationschancen zu verbessern. Für die untersuchten Mütter bedeutet dies, dass sie grundsätzlich ihre Arbeitskraft anbieten sollen und unterstützende Leistungen in Anspruch nehmen können. Das SGB II ist grundsätzlich geschlechtsneutral ausgerichtet, berücksichtigt aber den Familienkontext bei der Aktivierung. Es gilt eine eingeschränkte Zumutbarkeit von Erwerbstätigkeit, wenn im Haushalt Kinderbetreuungs- oder Pflegeaufgaben zu bewältigen sind. Eine Erwerbstätigkeit für Erziehende ist nur zumutbar, wenn die Kinderbetreuung anderweitig gewährleistet werden kann; insbesondere bei Kindern unter drei Jahren gilt eine eingeschränkte Zumutbarkeit (§ 10 SGB II). Wem diese Betreuungsaufgaben in einem Paarhaushalt zugerechnet werden, ist im Prinzip offen und Ergebnis der Interaktion zwischen den Familien bzw. der einzelnen Partner und deren eigenen Vorstellungen und den Arbeitsvermittlern, die ebenfalls ihre eigenen Vorstellungen zur partnerschaftlichen Arbeitsteilung und Erwerbsbeteiligung von Müttern haben (können). In der Praxis zeigt sich, dass insbesondere in Westdeutschland, die Betreuungsaufgaben den Müttern im Gegensatz zu den Vätern zugeschrieben werden (IAQ et al. 2009). Vor diesem Hintergrund lässt sich die Relevanz von Kinderbetreuungsaufgaben für die Erwerbstätigkeit von Müttern aus ALG-II-Haushalten – zusätzlich zu den schon beschriebenen innerfamiliären Aushandlungs- und Abwägungsprozessen – weiter unterstreichen.

Über die Arbeitsmarktpolitik hinaus treffen die Mütter auf weitere gesellschaftliche Rahmenbedingungen, die sowohl die Nutzenerwägungen beeinflussen können als auch Restriktionen des Arbeitsmarktzugangs darstellen können. Ein erster Aspekt ist die Struktur des deutschen Arbeitsmarktes: Frauen sind in Deutschland in hohem Maße in anderen Berufen tätig als Männer (Achatz 2008), arbeiten häufig in Teilzeit (Konietzka/Kreyenfeld 2010) und in geringfügiger Beschäftigung (RWI 2012). Gerade bei den letzteren beiden Aspekten ist für diese Studie interessant, ob dies freiwillig geschieht oder ob die Beschäftigungsmöglichkeiten auf solche Arbeitsverhältnisse nachfrageseitig beschränkt sind. Geringfügige Beschäftigung gilt als besonders attraktiv für Ehefrauen, da sie in Kombination mit dem Ehegattensplitting bei einer Vollzeittätigkeit des Partners einen besonders großen Steuervorteil bedeutet (Bäcker/Neuffer 2012). Die steuerbegünstigende Wirkung von geringfügiger Beschäftigung und Ehegattensplitting spielen für die hier betrachteten Mütter keine bedeutende Rolle, da in Niedrigeinkommen-Haushalten die Steuergrenze nicht überschritten wird, hat aber möglicherweise die bisherige Erwerbsbiografie geprägt. Die geringfügige Beschäftigung ist aber wie viele andere Regelungen in Deutschland Ausdruck des traditionell kulturellen Leitbilds der weiblichen Zuverdienerin. Ein weiteres Feld, das von den kulturellen Leitbildern für Familie geprägt wird, ist die Familienpolitik. Sie bildet für das Arbeitsmarktverhalten von Müttern einen weiteren Rahmen: im Speziellen befasst sich die vorliegende Studie mit der Rolle öffentlicher Kinderbetreuung und deren möglicherweise Chancen eröffnendem Charakter. Die öffentliche Kinderbetreuungsinfrastruktur ist besonders im westlichen Teil des Landes und vor allem für Kinder unter drei Jahren traditionell eher unterentwickelt (gewesen) und auch im Jahr 2012 nach wie vor unter dem Bedarf (BMFSFJ 2013). Außerfamiliäre Kinderbetreuungsmöglichkeiten stellen aber eine wichtige Voraussetzung für die Erwerbstätigkeit von Müttern dar.

Diese Überlegungen führen zum letzten, den die bisherigen individuellen, partnerschaftlichen und institutionellen Aspekte umspannenden Rahmen, nämlich die gesamtgesellschaftlichen kulturellen Leitbilder hinsichtlich Familie. Deutschland ist ein Beispiel für einen konservativ-korporatistischen Wohlfahrtsstaat mit einem hohen Grad an Familialisierung (Esping-Andersen 1990, 1999). Über lange Zeit herrschte in (West-)Deutschland ein „Gender Arrangement" des modernisierten Ernährermodells mit einer Zuverdienerrolle von Frauen und Müttern (Pfau-Effinger 2001). Die Kinderbetreuung war zumindest bei Kleinkindern in der Familie und damit bei den Müttern angesiedelt. Dies drückte sich beispielsweise in relativ großzügigen Eltern- und Erziehungszeitregelungen aus, die Müttern relativ lange Erwerbsunterbrechungen ermöglichten, aber teilweise mit darauf folgenden Problemen beim Wiedereinstieg und damit verbundenen Lohneinbußen (Boll 2011). Auch das Ehegattensplitting und die geringfügige Beschäftigung begünstigten eine nur eingeschränkte Erwerbspartizipation von Frauen als Zuverdienerinnen. Dies hatte u. a. zur Folge, dass die Frauen finanziell relativ stark von ihren Partnern abhängig sind (Sörensen 1994) und finanzielle Einbußen bei Trennung und Scheidung hinnehmen müssen (Andreß et al. 2006).

Diese gesellschaftlichen Strukturen hinsichtlich Familien und Frauenrolle waren in der ehemaligen DDR eher auf eine volle Erwerbsintegration der Frauen ausgelegt und unterstützten dies durch staatlich bereitgestellte Kinderbetreuungseinrichtungen. Diese beiden unterschiedlichen Arrangements näherten sich nach der Wiedervereinigung einander an (Rosenfeld et al. 2004). Seit der Jahrtausendwende orientierte sich die gesamtdeutsche Familien- und Sozialpolitik in die Richtung eines „Adult Worker Models" (Lewis et al. 2008) nach dem Frauen gleichermaßen wie Männer am Arbeitsmarkt aktiv sein sollen (Lewis 2001). Beispiele sind die Neuausrichtung des Elterngeldes, der Ausbau der öffentlichen Kinderbetreuung und auch die Zusammenlegung von Arbeitslosen- und Sozialhilfe zur neuen Grundsicherung für Arbeitsuchende (ALG II), die eine stärkere Arbeitsmarktorientierung vorsieht. Diese neuesten Entwicklungen bilden auch den Ausgangspunkt der vorliegenden Arbeit, die die Situation von Müttern in ALG-II-Haushalten und deren Erwerbsmöglichkeiten unter diesem neuen Regime untersucht.

In dem skizzierten Handlungsmodell sind mehrere Zielgrößen enthalten, die im Laufe der Arbeit untersucht werden. An zentraler Stelle stehen die Entscheidung für und die Möglichkeit auf Erwerbstätigkeit und inwieweit dies mit der Inanspruchnahme einer öffentlichen Kinderbetreuung einhergeht. Darauf aufbauend interessieren die Chancen, den Arbeitslosengeld-II-Bezug zu verlassen. Hierfür ist neben der eigenen Erwerbstätigkeit auch der weitere Haushaltskontext relevant. Die Anzahl und das Alter der Haushaltsmitglieder entscheiden über die Einkommensgrenze, ab dem kein Anspruch auf Leistungen mehr besteht. Das Vorhandensein eines Partners ist in diesem Zusammenhang vor allem deshalb von Relevanz, weil das Erwerbseinkommen des Partners das Haushaltseinkommen deutlich erhöhen kann. Insofern kommt hier dem Haushaltskontext sowohl auf Seiten der Entscheidung für eine Müttererwerbstätigkeit als auch bei der am Ende entstehenden finanziellen Lage eine entscheidende Rolle zu. Da dies der Fall ist, werden im Folgenden bei den Analysen zum einen konsequent zwischen Alleinerziehenden und Paarfamilien unterschieden und im Fall der letzteren deren Erwerbstätigkeit berücksichtigt. Im Folgenden Abschnitt werden die einzelnen Teile der Arbeit und ihre aufeinander aufbauenden Analyseziele beschrieben.

1.4 Aufbau der Arbeit

Diese Arbeit besteht aus vier einzelnen Teilen, die größtenteils aufeinander aufbauen. In Kapitel 2 wird die Verweildauer von Müttern im Bezug der Grundsicherung analysiert. Ausgangspunkt ist die besonders hohe Verweildauer von Alleinerziehenden (Lietzmann 2009). Es soll herausgearbeitet werden, von welchen Faktoren diese Verweildauer im Vergleich zu derjenigen von Müttern in Paarhaushalten – die deutlich niedriger ist – abhängt. Es wird explizit auf die Erkenntnisse der dynamischen Armutsforschung (z. B. Leibfried et al. 1995) aufgebaut, dass für die soziale Lage von Haushalten nicht die Betroffenheit zu einem bestimmten Zeitpunkt entscheidend ist, sondern die Dauer, in der in einer solchen angespannten finanziellen Situation verblieben wird. Die Folgen auf der Individualebene hängen eben von dieser Dauer ab und es sind auch nicht immer dieselben Haushalte, die in Armut bzw. dem Sozialleistungsbezug leben. Eine Analyse der Ausstiegschancen mit Hilfe einer Ereignisanalyse stellt vor diesem Hintergrund die adäquate Analysemethode dar, mit deren Hilfe die den Ausstieg begünstigenden bzw. hemmenden Faktoren herausgearbeitet werden können.

In Kapitel 3 wird unter die Lupe genommen, inwieweit eine Erwerbsintegration von Müttern im SGB-II-Bezug gelingt. Dies wird explizit in die internationale Diskussion um ein „Adult Worker Model" eingebettet, welche in Deutschland durch die Einführung des SGB II und die Neuorientierung der Familienpolitik an Relevanz gewonnen hat. Auch in dieser Analyse wird explizit zwischen alleinerziehenden und in Paarhaushalten lebenden Müttern unterschieden, da deren Ressourcen und v. a. Restriktionen durch Kinderbetreuungsaufgaben sich deutlich unterscheiden sollten. Die Rolle der öffentlichen Kinderbetreuungsinfrastruktur – deren Ausbau ein Beispiel für die Neuorientierung der Familienpolitik darstellt – wird hier berücksichtigt. Es wird gefragt, wie die Versorgungsquote mit Kinderbetreuungsplätzen auf Kreisebene neben persönlichen Arbeitsmarktressourcen und den Betreuungsaufgaben im Haushalt die Übergangsrate in eine Erwerbstätigkeit beeinflusst.

In Kapitel 4 wird weiter auf diesen Analysen ausgebaut und darum ergänzt, wie diese Erwerbstätigkeit der Mütter auch die Wahrscheinlichkeit, damit den Leistungsbezug zu verlassen, ermöglicht. Es wird ein zweistufiger Prozess der Bedürftigkeitsüberwindung modelliert, der explizit die Relevanz der Muttererwerbstätigkeit für die Verbesserung der finanziellen Situation der Familie abbilden soll. Auf einer ersten Stufe wird die Wahrscheinlichkeit von alleinerziehenden und in Paarhaushalten lebenden Müttern analysiert, eine Erwerbstätigkeit aufzunehmen. In der zweiten Stufe wird – mit Berücksichtigung der Selektivität einer gelingenden Arbeitsaufnahme – die Wahrscheinlichkeit geschätzt, mit dieser Erwerbstätigkeit auch den Leistungsbezug nach SGB II zu überwinden. Hier wird wieder zwischen den unterschiedlichen Haushaltsformen unterschieden und explizit der Beitrag eines Partners im Haushalt berücksichtigt. Insgesamt soll dargestellt werden, inwieweit die persönlichen Arbeitsmarktressourcen der Mütter, der Haushaltskontext, aber auch der Arbeitsmarkt mit scheinbar geschlechtsspezifischen Beschäftigungschancen nach Arbeitszeit und Beschäftigungsform (Stichwort: geringfügige Beschäftigung und frauenspezifische Berufe) auf den beiden Stufen zusammenwirken.

Im letzten Teil (Kapitel 5) werden nicht mehr nur Mütter im SGB-II-Bezug berücksichtigt, sondern die in der gesamten Bevölkerung. Es wird allgemein untersucht, wie selektiv öffentliche Kinderbetreuungsplätze genutzt werden und wie diese in Verbindung mit einer Erwerbstätigkeit von Müttern steht. Es können dennoch Erkenntnisse für Familien in der Grundsicherung abgeleitet werden, da der Datensatz PASS genutzt wird, der überdurchschnittlich ALG-II-Haushalte beinhaltet. Die Frage ist allgemein, wie – unter der Bedingung knapper Verfügbarkeit von Betreuungsplätzen – sozial und ökonomisch selektiv sich die Inanspruchnahme darstellt. Damit verbunden wird die Entscheidung für eine Muttererwerbstätigkeit auf der familiären Ebene, indem diese beiden Aspekte aus einer Längsschnittperspektive zusammen betrachtet werden.

Die Daten, die dieser Arbeit zu Grunde liegen, sind in den Kapiteln 2 bis 4 administrative Daten aus der Bundesagentur für Arbeit zum Leistungsbezug der Grundsicherung für Arbeitsuchende (AdminP; Rudolph et al. 2013) und der Beschäftigungsmeldungen der Sozialversicherungen (IEB; Oberschachtsiek et al. 2009). Die Besonderheit dieser Daten ist, dass sie zum einen sehr exakt Zeiten von Leitungsbezug und Beschäftigung erfassen und zum zweiten genügend Fallzahlen für eine getrennte Analyse von Müttern in alleinerziehenden und Paarhaushalten bereithalten. Die zweite Datenbasis (Kapitel 5) ist das Panel „Arbeitsmarkt und soziale Sicherung" (PASS), das eine vom IAB durchgeführte Panel-Befragung ist. Diese garantiert auf Grund des Stichprobendesigns Repräsentativität sowohl für ALG-II-Leistungsempfänger als auch für die Gesamtbevölkerung und beinhaltet Informationen über die Nutzung von Kinderbetreuungseinrichtungen und individuelle Einstellungen zu Erwerbstätigkeit und Familie, die die die administrativen Daten nicht enthalten.

Literatur

Achatz, Juliane (2008): Geschlechtersegregation am Arbeitsmarkt. In: Abraham, Martin; Hinz, Thomas (Hrsg.): Arbeitsmarktsoziologie. Probleme, Theorien, empirische Befunde, Wiesbaden: VS, S. 263–302.

Allmendinger, Jutta (2009): Frauen auf dem Sprung. Wie junge Frauen heute leben wollen. Die Brigitte-Studie, München: Pantheon.

Andreß, Hans-Jürgen (1999): Leben in Armut. Analyse und Verhaltensweisen armer Haushalte mit Umfragedaten, Opladen: Westdeutscher Verlag.

Andreß, Hans-Jürgen; Borgloh, Barbara; Bröckel, Miriam; Giesselmann, Marco; Hummelsheim, Dina (2006): The economic consequences of partnership dissolution. A comparative analysis of panel studies from five European countries. In: European Sociological Review 22, S. 533–560.

Bäcker, Gerhard; Neuffer, Stefanie (2012): Von der Sonderregelung zur Beschäftigungsnorm: Minijobs im deutschen Sozialstaat, In: WSI-Mitteilungen 1/2012, S. 13–21.

Beck, Ulrich (1986): Risikogesellschaft. Auf dem Weg in eine andere Moderne, Frankfurt am Main: Suhrkamp.

Beck, Ulrich; Beck-Gernsheim, Elisabeth (1990): Das ganz normale Chaos der Liebe, Frankfurt am Main: Suhrkamp.

Becker, Gary S. (1993): Human Capital. A Theoretical and Empirical Analysis with Special Reference to Education, Chicago: University of Chicago Press.

Blau, Francine; Ferber, Marianne; Winkler, Anne (2001): The Economics of Women, Men, and Work, Englewood Cliffs: Prentice Hall.

Boll, Christina (2011): Lohneinbußen von Frauen durch geburtsbedingte Erwerbsunterbrechungen. Der Schattenpreis von Kindern und dessen mögliche Auswirkungen auf weibliche Spezialisierungsentscheidungen im Haushaltszusammenhang. Eine quantitative Analyse auf Basis von SOEP-Daten, Monografische Dissertationsschrift. Frankfurt am Main u. a.: Peter Lang.

Bundesministerium für Familie, Senioren, Frauen und Jugend [BMFSFJ] (2013): Vierter Zwischenbericht zur Evaluation des Kinderförderungsgesetzes, Berlin.

Bundesministerium für Familie, Senioren, Frauen und Jugend [BMFSFJ] (Hrsg.) (2008): Familienmonitor 2008, Berlin.

Christoph, Bernhard (2008): Was fehlt bei Hartz IV? Zum Lebensstandard der Empfänger von Leistungen nach SGB II. In: Informationsdienst Soziale Indikatoren, H. 40, S. 7–10.

Coleman, James S. (1990): Foundations of social theory, Cambridge: Harvard University Press.

Eggs, Johannes (2013): Unemployment benefit II, unemployment and health. IAB-Discussion Paper, 12/2013, Nürnberg.

Esping-Andersen, Gösta (1990): The Three Worlds of Welfare Capitalism, Cambridge: Polity Press.

Esping-Andersen, Gösta (1999): Social Foundations of Postindustrial Economies, Oxford: Oxford University Press.

Esping-Andersen, Gösta (2009): The Incomplete Revolution, Cambridge/Malden: Polity Press.

Esser, Hartmut (2000): Soziologie. Spezielle Grundlagen. Band 4: Opportunitäten und Restriktionen, Frankfurt/New York: Campus.

Grabka, Markus; Goebel, Jan; Schupp, Jürgen (2012): Höhepunkt der Einkommensungleichheit in Deutschland überschritten? DIW-Wochenbericht 43/2012, S. 3–15.

Hegewisch, Anne; Gornick, Janet (2011): The impact of work-family policies on women's employment: a review of research from OECD countries. In: Community, Work & Family 14, S. 119–138.

Hinz, Thomas; Gartner, Hermann (2005): Geschlechtsspezifische Lohnunterschiede in Branchen, Berufen und Betrieben. In: Zeitschrift für Soziologie 34, S. 22–39.

Holz, Gerda; Richter, Antje; Wüstendörfer, Werner; Giering, Dietrich (2006): Zukunftschancen für Kinder!? – Wirkung von Armut bis zum Ende der Grundschulzeit. Endbericht der 3. AWO-ISS-Studie, Frankfurt.

IAQ; FIA; GendA (2009): Bewertung der SGB II-Umsetzung aus gleichstellungspolitischer Sicht. Abschlussbericht, Juni 2009, Duisburg u. a.

Jaehrling, Karen; Rudolph, Clarissa (2010): Grundsicherung und Geschlecht. Gleichstellungspolitische Befunde zu den Wirkungen von „Hartz IV", Münster: Westfälisches Dampfboot.

Jaumotte, Florence (2003): Female Labour Force Participation and Main Determinants in OECD Countries. OECD Working Paper No. 376, Paris.

Konietzka, Dirk; Kreyenfeld, Michela (2007): Ein Leben ohne Kinder: Kinderlosigkeit in Deutschland, Wiesbaden: VS.

Konietzka, Dirk; Kreyenfeld, Michaela (2010): The growing educational divide in mothers' employment: an investigation based on the German micro-censuses 1976–2004. In: Work, Employment and Society 24, S. 260–278.

Leibfried, Stephan; Leisering, Lutz; Buhr, Petra; Ludwig, Monika; Mädje, Eva; Olk, Thomas; Voges, Wolfgang; Zwick, Michael M. (1995): Zeit der Armut. Lebensläufe im Sozialstaat, Frankfurt am Main: Suhrkamp.

Lewis, Jane (2001): The Decline of the Male Breadwinner Model: Implications for Work and Care. In: Social Politics 8, S. 153–169.

Lewis, Jane; Knijn, Trudie; Martin, Claude; Ostner, Ilona (2008): Patterns of Development in Work/family Reconciliation Policies for Parents in France, Germany, the Netherlands, and the UK in the 2000s. In: Social Politics 15, S. 261–286.

Lietzmann, Torsten (2009): Bedarfsgemeinschaften im SGB II: Warum Alleinerziehende es besonders schwer haben. IAB-Kurzbericht 12/2009, Nürnberg.

Lietzmann, Torsten; Uhl, Maria; Koller-Bösel, Lena (2013): Ursachen der Hilfebedürftigkeit: Arbeitslosigkeit ist nicht der einzige Risikofaktor. In: IAB-Forum, Nr. 2, S. 36–41.

Lietzmann, Torsten; Tophoven, Silke; Wenzig, Claudia (2011): Grundsicherung und Einkommensarmut: Bedürftige Kinder und ihre Lebensumstände. IAB-Kurzbericht 6/2011, Nürnberg.

Mincer, Jacob (1962): Labor Force Participation of Married Women: A Study of Labor Supply. In: Lewis, H. G. (Hrsg.): Aspects of Labor Economics, Princeton: National Bureau of Economic Research and Princeton University Press, S. 64–105.

Mincer, Jacob (1974): Schooling, Experience and Earnings, New York: Columbia University Press.

Oberschachtsiek, Dirk; Scioch, Patricija; Seysen, Christian; Heining, Jörg (2009): Integrated employment biographies sample IEBS. Handbook for the IEBS in the 2008 version. FDZ-Datenreport 03/2009, Nürnberg.

Pfau-Effinger, Birgit (2001): Wandel wohlfahrtsstaatlicher Geschlechterpolitiken im soziokulturellen Kontext. In: Kölner Zeitschrift für Soziologie und Sozialpsychologie 41, S. 487–511.

Rheinisch-Westfälisches Institut für Wirtschaftsforschung [RWI] (2012): Studie zur Analyse geringfügiger Beschäftigungsverhältnisse, Essen.

Robert Koch-Institut [RKI] (Hrsg.) (2010): Gesundheitliche Ungleichheit bei Kindern und Jugendlichen in Deutschland. Beiträge zur Gesundheitsberichterstattung des Bundes. Berlin.

Rosenfeld, Rachel A.; Trappe, Heike; Gornick, Janet C. (2004): Gender and Work in Germany: Before and After Reunification. In: Annual Review of Sociology 30, S. 103–124.

Rudolph, Helmut; Graf, Tobias; Koller, Lena; Lietzmann, Torsten (2013): Das Administrative Panel (AdminP). Forschungsdaten mit Haushaltskontext zum SGB II. S. 354–357. In: Dietz, Martin; Kupka, Peter; Ramos Lobato, Philipp: Acht Jahre Grundsicherung für Arbeitsuchende. Strukturen – Prozesse – Wirkungen, IAB-Bibliothek 347, Bielefeld: Bertelsmann.

Sörensen, Aage B.; Kalleberg, Arne L. (1981): An Outline of a Theory of the Matching of Persons to Jobs. S. 49–74. In: Berg, I. (Hrsg.): Sociological Perspectives on Labor Markets, New York: Academic.

Sörensen, Annemette (1994): Women's Economic Risk and the Economic Position of Single Mothers. In: European Sociological Review 10, S. 173–188.

Statistik der Bundesagentur für Arbeit (2014): Analyse der Grundsicherung für Arbeitsuchende, März 2014, Nürnberg.

Thurow, Lester C. (1975): Generating Inequality. Mechanisms of Distribution in the U.S. Economy, New York: Basic Books.

Trappmann, Mark; Beste, Jonas; Bethmann, Arne; Müller, Gerrit (2013): The PASS panel survey after six waves. In: Journal of Labour Market Research 46, S. 275–281.

Van de Kaa, Dirk J. (1987): Europe's Second Demographic Transition. In: Population Bulletin 42, S. 1–59.

Weber, Max (1922): Wirtschaft und Gesellschaft, Tübingen: Mohr Siebeck.

Wenzig, Claudia (2005): Armut, Gesundheit und sozialer Kontext von Kindern, Hamburg: Kovac.

Wittek, Rafael; Snijders, Tom; Nee, Victor (2013): Introduction: Rational Choice Social Research. In: Wittek, Rafael; Snijders,Tom; Nee, Victor (Hrsg.): The Handbook of Rational Choice Social Research, Stanford: Stanford University Press, S. 1–30.

2 Bedürftigkeit von Müttern: Dauer des Leistungsbezugs im SGB II und Ausstiegschancen[1]

Zusammenfassung

Die Armutsgefährdung und die Angewiesenheit auf Leistungen der Grundsicherung von Alleinerziehenden und Paarhaushalten mit Kindern unterscheiden sich erheblich. In der vorliegenden Untersuchung wird die Dauer des Bezugs von Grundsicherung nach SGB II von Müttern mit administrativen Daten betrachtet und die Chancen zur Überwindung der Bedürftigkeit mit Verweildauermodellen geschätzt. Es wird untersucht, inwiefern der Kinderbetreuungsaufwand und die individuellen Arbeitsmarktchancen die Ausstiegschancen beeinflussen und wie sich diese Einflüsse zwischen den beiden Haushaltsformen unterscheiden. Der Kinderbetreuungsaufwand schränkt die Chancen zur Überwindung der Bedürftigkeit der Alleinerziehenden stärker als bei Müttern in Paarhaushalten ein. Diese verfügen über einen strukturellen Vorteil, da zwei Erwachsene im Haushalt leben, die Einkommen aus Erwerbstätigkeit erzielen können.

2.1 Einleitung

Die materielle Lage von Familien variiert stark mit ihrer Haushaltsstruktur. Die Armutsgefährdung[2] von Alleinerziehenden ist mit 36 Prozent doppelt so hoch wie beim Durchschnitt aller Haushalte oder von Paarhaushalten mit Kind(ern) (BMAS 2008: 306). Die Gruppe der Alleinerziehenden ist in den Möglichkeiten, neben der Kindererziehung den Lebensunterhalt auf dem Arbeitsmarkt zu sichern, besonders eingeschränkt. Das zeigt sich auch in der Statistik der Grundsicherung für Arbeitsuchende nach SGB II. Von insgesamt 3,6 Mio. Bedarfsgemeinschaften im Dezember 2009 waren 1,2 Mio. solche, in denen minderjährige Kinder leben – 644 Tsd. Alleinerziehende und 557 Tsd. Paare mit Kindern (Bundesagentur für Arbeit 2010). Hier zeigen sich große Unterschiede hinsichtlich der Haushaltsstruktur: Während 41 Prozent der Alleinerziehenden in Deutschland auf Transferleistungen angewiesen sind, trifft das nur auf weniger als zehn Prozent der Paare mit Kindern zu (Bundesagentur für Arbeit 2010). Darüber hinaus beziehen Alleinerziehende diese Leistungen deutlich länger (Graf/Rudolph 2009; Lietzmann 2009).

---

[1] Dieses Kapitel ist in identischer Form erschienen als: Lietzmann, Torsten (2011): Bedürftigkeit von Müttern. Dauer des Leistungsbezuges im SGB II und Ausstiegschancen. In: Zeitschrift für Sozialreform 57, S. 339–364.

[2] Die Armutsrisikoquote wurde bezogen auf 60 Prozent des Medianeinkommens berechnet.

An die finanzielle Situation von Müttern bzw. Eltern ist auch die Versorgungslage der abhängigen Kinder geknüpft. Der hohe Anteil von armutsgefährdeten Kindern bis 15 Jahre (2005: 26 %, BMAS 2008: 306) und die höheren Hilfequoten im SGB II von Kindern bis 16 Jahre (Rudolph 2009) verlangen nach einer Entschärfung der Situation.

An der Dauer, für die Grundsicherungsleistungen bezogen werden, lässt sich ablesen, ob es sich nur um eine Übergangsphase handelt, oder ob die Betroffenen langfristig in einer prekären finanziellen Situation leben. Das kann eingeschränkte materielle, soziale und kulturelle Teilhabe während des Bezugs und auch im weiteren Lebenslauf bedeuten.

Welche Faktoren bestimmen die Verweildauer und Ausstiegschancen von Müttern im Leistungsbezug? Wie wirken Betreuungspflichten, Arbeitsmarktchancen und eine etwaige Motivation zur Arbeitsaufnahme oder Familienorientierung zusammen? Gibt es Unterschiede zwischen alleinerziehenden und in Paarhaushalten lebenden Müttern hinsichtlich der einzelnen Faktoren und deren Zusammenwirken?

In der vorliegenden Untersuchung wird für Mütter, die zwischen Februar 2005 und Juli 2007 erstmals SGB-II-Leistungen bezogen haben, die Dauer des Bezugs betrachtet und die Chancen zur Überwindung der Hilfebedürftigkeit auf Basis des administrativen *Panels* des IAB (Institut für Arbeitsmarkt- und Berufsforschung) mit Hilfe von Verweildauermodellen geschätzt. Es wird herausgearbeitet, wie die Haushaltskonstellation (Paare mit Kind(ern) und Alleinerziehende), der Kinderbetreuungsaufwand und die individuellen Arbeitsmarktchancen diese beiden Aspekte beeinflussen. Der Prozess des Leistungsbezugs wird für beide Haushaltstypen getrennt analysiert, um Unterschiede in den Determinanten der Bezugsdauer zu erkennen. Haben die größeren Ressourcen der Paarhaushalte – hinsichtlich der Organisation der Kinderbetreuung und die Verfügbarkeit einer zweiten Arbeitskraft – Bedeutung für die Überwindung der Bedürftigkeit?

Im Folgenden wird die Fragestellung zunächst in den Forschungsstand eingeordnet. Dann werden konkrete Hypothesen formuliert, die im Laufe der Arbeit geprüft werden sollen (Kapitel 2.2). Im Anschluss daran werden in Kapitel 2.3 die in der Untersuchung verwendeten Daten und Methoden beschrieben. Auf Basis von Prozessdaten wird die Verweildauer im Bezug von Leistungen nach SGB II untersucht. Nach einer deskriptiven Beschreibung des Leistungsbezugs und der Zusammensetzung der untersuchten Gruppen (Kapitel 2.4) werden in multivariaten Modellen die Faktoren identifiziert, die die Chancen, den Bezug zu verlassen, begünstigen (Kapitel 2.5). Anschließend werden die leitenden Forschungsfragen und Hypothesen der Arbeit beantwortet und auf weiteren

Forschungsbedarf hingewiesen (Kapitel 2.6). Der Artikel endet mit einem vereinbarkeitspolitischen Ausblick (Kapitel 2.7).

2.2 Konzeptuelle Überlegungen, Forschungsstand und Hypothesen

2.2.1 Wandel der Familie und Vereinbarkeit von Familie und Erwerbstätigkeit

In Deutschland ist die Vereinbarkeit von Familie und Beruf nach Einschätzung berufstätiger Mütter nach wie vor problematisch (BMFSFJ 2008a: 4). Deutsche Mütter müssen im internationalen Vergleich besonders häufig entgegen ihrer Wünsche auf eine Erwerbstätigkeit verzichten (OECD 2001).

Die Vereinbarkeit von Familie und Erwerbstätigkeit stellt jedoch eine zentrale Stellschraube bei der Armutsvermeidung dar. Von ihr hängt die Möglichkeit von Müttern ab, neben der Kinderbetreuung den Lebensunterhalt über Erwerbsarbeit sicherzustellen. Internationale Studien verweisen auf die Wichtigkeit von Familien- und Vereinbarkeitspolitik (u. a. der öffentlichen Kinderbetreuung) bei der Armutsvermeidung (Misra et al. 2007) und der Erhöhung der weiblichen Erwerbsbeteiligung (Jaumotte 2003).

In der deutschen Familienpolitik wurde erkannt, dass neue Wege bei der Sicherstellung der Erziehung und des Lebensunterhalts von Familien zu gehen sind. Ein Ausbau der Kinderbetreuungseinrichtungen soll – im Sinne einer nachhaltigen Familienpolitik – Müttern die parallele Erwerbstätigkeit ermöglichen, da diese die finanzielle Lage der Familien stabilisiert und zur Armutsprävention geeignet ist (BMFSFJ 2009).

Die in den vergangenen Jahren gestiegene Brisanz der Frage nach Vereinbarkeit von Familie und Beruf ist Ergebnis des sozialen Wandels, der den weiblichen Lebensverlauf, die Familie und das demografische Regime nach dem zweiten demografischen Übergang ab den 1960er Jahren (Van de Kaa 1987) erfasst. Im Zuge der gesellschaftlichen Modernisierung, geprägt von einer Angleichung der Geschlechterrollen, die sich in einer steigenden weiblichen Bildungs- und Erwerbsbeteiligung ausdrückt und in dem Streben der Frauen nach einem Stück „eigenem Leben" mündet (Beck-Gernsheim 2008), entsteht für Frauen die Aufgabe, die konkurrierenden Lebensziele Familie und Beruf miteinander zu vereinbaren.

Mit den Veränderungen in der Biografie von Frauen geht ein Wandel der Formen, in denen Familie gelebt wird, einher (Beck 1986; Beck/Beck-Gernsheim 1990). Die stärkere Orientierung an Erwerbstätigkeit ist sowohl eine Folge als auch ein Grund für unsicher werdende Partnerschaften (Beck/Hartmann 1999). Es resultiert eine steigende Scheidungsrate (Statistisches Bundesamt 2008) und letztendlich eine zunehmende Verbreitung von Alleinerziehenden-Haushalten (Tabelle 2.1).

Tabelle 2.1: Familien mit Kind(ern) unter 18 Jahren in Deutschland (in Tsd.)

Jahr	Familien	Ehepaare		Nicht eheliche Lebensgemeinschaften		Alleinerziehende	
	abs.	abs.	Anteil (%)	abs.	Anteil (%)	abs.	Anteil (%)
1996	9.429	7.673	81,4	452	4,8	1.304	13,8
2007	8.572	6.327	73,8	675	7,9	1.570	18,3

Quelle: Statistisches Bundesamt 2008.

Dies ist der erste Aspekt einer Verschärfung der Vereinbarkeitsproblematik: Familien mit Kindern sind häufiger Ein-Eltern-Haushalte, und gerade diese Haushalte weisen ein strukturelles Problem bei der Einkommenserzielung auf, da (in den meisten Fällen) Mütter alleine für Haushalt, Erziehung und den Lebensunterhalt verantwortlich sind.

Der zweite Aspekt bezieht sich auf Paarhaushalte: Das in Deutschland vorherrschende Geschlechterarrangement „Modernisierung der Versorgerehe" (Pfau-Effinger 2001) sieht zwar im Prinzip eine Integration der Frauen in den Arbeitsmarkt vor, aber nur, wenn auf die Betreuung der Kinder Rücksicht genommen wird. Das bedeutet, dass v. a. in Familien mit kleinen Kindern die Mutter nicht[3] oder nur eingeschränkt erwerbstätig ist. Die Entwicklung des Arbeitsmarktes hin zu hoher Arbeitslosigkeit und einem zurückgehenden Normalarbeitsverhältnis (z. B. Mückenberger 2010) bringt Familien, die noch stark an einen Hauptverdiener gebunden sind, in zunehmend unsichere Einkommenslagen. Die Armutsgefährdungsquote von Paarhaushalten mit Kindern stieg von 1998 bis 2005 von zehn Prozent auf 19 Prozent (BMAS 2008: 306).

2.2.2 Dynamische Armutsforschung und SGB-II-Bezug

Gleichzeitig mit dem Wandel der Familie findet auch eine Veränderung der Gestalt sozialer Ungleichheit statt, die mit den Schlagworten Verzeitlichung, Biografisierung, Individualisierung und Demokratisierung bzw. sozialer Entgrenzung von Armutslagen seit spätestens den 1980er Jahren beschrieben wird (Beck 1986; Leisering 2008). Die Betroffenheit von Armut ist weniger eng an die Zugehörigkeit zu gesellschaftlichen Großgruppen (z. B. Industriearbeiter) oder Randgruppen (z. B. Wohnungslose) gekoppelt, sondern wird zu einer kürzeren oder dauerhaften Erfah-

---

3 Ein Indikator für die geschlechtsspezifische Erwerbsunterbrechung im Falle einer Geburt ist, dass in 87 Prozent der Fälle nur die Frau und in 9 Prozent beide Elternteile Elterngeld beziehen. Darüber hinaus beziehen Mütter deutlich länger Elterngeld (Parys/Schwerhoff 2010).

rung im individuellen Lebenslauf. Ausgelöst wird eine Armutsepisode häufig durch Lebensereignisse wie Arbeitslosigkeit, Geburt eines Kindes oder Scheidung. Sie wird als individuelles Schicksal erfahren. Gerade Familienereignisse spielen eine entscheidende Rolle für die Armutsbetroffenheit und -überwindung (Andreß/Schulte 1998), da familiäre Brüche häufiger als früher auftreten. Obwohl die Gefährdung nach wie vor mit speziellen Charakteristika der Einzelnen (z. B. bezüglich Qualifikation, Familienstand, Alter, Nationalität, Gesundheit) zusammenhängt, weitet sich der Kreis potenziell Betroffener auf weitere gesellschaftliche Gruppen aus.

Die empirische Armutsforschung hat auch vor dem Hintergrund des Wandels der sozialen Ungleichheit seit Ende der 1980er Jahre die Betrachtung der Armutsdauer in den Blick genommen. Dabei werden relative Armutsdefinitionen genutzt oder Armut als Bezug von staatlichen Transferleistungen gefasst (z. B. Bane/Ellwood 1986; Blank 1989; Habich et al. 1991; Leibfried et al. 1995). Dieser dynamische Ansatz der Armutsbetrachtung konnte belegen, dass die Mehrheit der Armutsphasen von kürzerer Dauer ist (z. B. Habich et al. 1991). Es wurde gezeigt, dass verfestigte Armutslagen zwar existieren, diese aber weniger häufig, als auf Basis von Querschnittanalysen angenommen, auftreten.

In der vorliegenden Arbeit wird Armut – im Sinne einer politisch definierten Armutsgrenze[4] – als Bezug von Leistungen der Grundsicherung nach SGB II definiert. Die „Grundsicherung für Arbeitsuchende" löste zum 1. Januar 2005 die Systeme der Sozial- und Arbeitslosenhilfe ab. Anspruchsberechtigt ist jede erwerbsfähige Person und die mit ihr in einer Bedarfsgemeinschaft[5] lebenden Personen, die über kein ausreichendes Einkommen verfügen. Dabei ist jede/jeder erwerbsfähige Hilfebedürftige (geschlechtsunabhängig) dazu verpflichtet, sich für die Überwindung oder Reduzierung der Hilfebedürftigkeit einzusetzen.

Für die Analyse des Bezugs von SGB-II-Leistungen liegen im Gegensatz zur Sozialhilfe bundesweite Prozessdaten der Bundesagentur für Arbeit vor, mit denen die Bezugsdauer analysiert werden kann. Damit können diejenigen, die Leistungen der Grundsicherung empfangen, verlässlich als bedürftig angesehen werden, da bei der Leistungsgewährung eine Bedürftigkeitsprüfung vorgenommen wird. Die Untersuchung muss sich in der Folge nicht auf eine Selbstauskunft der Betroffenen

---

4   Die Haushalte, die entsprechend der verschiedenen Konzepte (z. B. relative Einkommensarmut, politisch definierte, „bekämpfte" Armut oder Deprivationsarmut) als arm definiert werden, stellen trotz erheblicher Überschneidungen immer eine selektive Gruppe dar.

5   Bedarfsgemeinschaften bestehen aus einem erwerbsfähigen Hilfebedürftigen, dessen Partner, deren unverheirateten Kindern unter 18 Jahren (für den Zeitraum von Januar 2005 bis Juni 2006) bzw. unter 25 Jahren (ab Juli 2006, vgl. SGB II). Bedarfsgemeinschaften sind also durch das Gesetz definierte Einheiten, die nach ihren Unterhaltsverpflichtungen in Haushalten abgegrenzt werden. Dabei können in einem Haushalt auch zwei oder mehr Bedarfsgemeinschaften wohnen. Die Übereinstimmung von Haushalten und SGB-II-Bedarfsgemeinschaften liegt zwischen 80 % und 90 % (Bruckmeier et al. 2008), weshalb im Folgenden die Begriffe Haushalt und Bedarfsgemeinschaft synonym verwendet werden.

bezüglich ihrer Einkommens- und Vermögenssituation verlassen. Die Höhe der Leistungen dieses Sozialtransfers ist (besonders für Alleinerziehende) relativ nahe an oder über der Schwelle der relativen Einkommensarmut (50-%-Grenze des Medianeinkommens) (Bruckmeier et al. 2008). Somit wird das Problem, dass eine Beendigung des Bezugs von Grundsicherungsleistungen nicht mit einem Überschreiten der relativen Einkommensarmutsgrenze einhergeht, wie dies bei der Sozialhilfe der Fall war (Buhr 2002), für diese Untersuchung weniger Bedeutung haben.

2.2.3 Forschungsstand zu Transferbezug von Familien

Sowohl aus der Forschung zum Bezug von Sozialhilfe als auch SGB-II-Leistungen ist bekannt, dass Alleinerziehende länger als andere Haushalte Transferleistungen beziehen (Buhr 1995; Buhr et al. 2010; Graf/Rudolph 2009; Lietzmann 2009; Schels 2008). Analysen, die den Ausstieg aus dem Sozialhilfebezug für alle Haushalte multivariat untersuchen, belegen relativ übereinstimmend, dass Alleinerziehende, Ältere und Bezieher ohne Berufsausbildung schlechtere Chancen haben, den Bezug insgesamt (Buhr 1995) oder speziell durch eine Erwerbstätigkeit (Gangl 1998; Gebauer 2007) zu beenden. Paarhaushalte mit Kindern verlassen den Bezug schneller als Alleinerziehende, unterscheiden sich aber kaum von anderen Haushaltstypen (Buhr 1995; Gangl 1998; Gebauer 2007).

Für Paar- und Alleinerziehenden-Haushalte konnte von Kosmann et al. (2003) gezeigt werden, dass ein Ausstieg aus dem Sozialhilfe-Bezug hauptsächlich von einer erfolgreichen Arbeitsmarktintegration sowie dem Alter des jüngsten Kindes, das den Betreuungsaufwand im Haushalt reflektiert, beeinflusst wird. Die Chancen von Alleinerziehenden, den Ausstieg aus dem SGB-II-Bezug zu schaffen, sind abhängig vom Betreuungsaufwand, der im Haushalt zu leisten ist (beruhend auf der Anzahl Kinder und dem Alter des jüngsten Kindes), und den Arbeitsmarktchancen des Elternteils (Lietzmann 2009).

Aufgrund dieser Befunde und der Tatsache, dass sowohl bei Alleinerziehenden in der Sozialhilfe (Voges/Ostner 1995) als auch für Frauen im SGB-II-Bezug insgesamt ein Ausstieg häufig mit einer Erwerbstätigkeit zusammenhängt (Achatz/ Trappmann 2009; ZEW et al. 2007), werden im Folgenden die theoretisch abgeleiteten Hypothesen für diese Arbeit hauptsächlich auf eine mögliche Arbeitsmarktintegration hin ausgerichtet.

2.2.4 Hypothesen

Aus theoretischer Perspektive sind die Chancen, eine Armutslage oder einen Transferleistungsbezug zu beenden, mit drei Aspekten verbunden. Zum einen setzen die gesellschaftlichen Rahmenbedingungen hinsichtlich Struktur und Lage auf dem Arbeitsmarkt, familien- und sozialpolitische Regelungen sowie Institutionen die für die Individuen zugänglichen Optionen. Zum anderen sehen Andreß und Schulte (1998) und Andreß (1999) im Haushaltskontext den Ausgangspunkt, ob zusätzliche Potenziale bestehen, die Einkommenssituation des Haushaltes durch verstärkte Erwerbsbeteiligung zu verbessern, oder ob, in diesem Fall, die Mütter zeitlich durch Aufgaben im Haushalt gebunden sind. Drittens hängt eine erfolgreiche Integration in den Arbeitsmarkt davon ab, inwieweit auf der individuellen Ebene (hier: der Mütter) Risikofaktoren existieren, die die Chancen, einen Arbeitsplatz zu finden, beeinträchtigen (z. B. keine Berufsausbildung) (siehe Andreß/Schulte 1998; Andreß 1999).

Der Haushaltskontext beeinflusst die Zeitverwendung im Alltag (Becker 1965) und damit zusammenhängend das Arbeitsangebot (Blau et al. 2001). Sind im Haushalt Kinder vorhanden, steigt der Nutzen von Tätigkeiten im Haushalt, da damit für den Haushalt notwendige „Güter" wie Kinderbetreuung und -erziehung „produziert" werden, relativ zu einer Aktivität auf dem Arbeitsmarkt. In Deutschland sind die institutionellen Rahmenbedingungen so ausgestaltet, dass nicht nur aus Nutzenerwägungen eine Kinderbetreuung zu Hause erfolgt, sondern auch die begrenzten Möglichkeiten, Kinderbetreuung außerhalb des Haushalts zu organisieren, dafür verantwortlich sind. Die öffentliche Kinderbetreuung ist vor allem im Westen Deutschlands für unter Dreijährige und eine Ganztagsbetreuung für Kinder unter sechs Jahren deutlich eingeschränkt (Statistisches Bundesamt 2009). Vor diesem Hintergrund verringern Kinder eine Verfügbarkeit der Mütter für den Arbeitsmarkt und mindern die Chancen für eine Überwindung der Hilfebedürftigkeit. Das Alter des jüngsten Kindes beeinflusst dabei nachgewiesenermaßen das Arbeitsangebot der Mütter (Sommerfeld 2009). Hinzu kommt, dass insbesondere die Anzahl der Kinder im Haushalt auch gleichzeitig dessen Bedarf erhöht. Somit liegt die Einkommensschwelle höher, die eine Beendigung des Bezugs erlaubt. Als Hypothese formuliert bedeutet dies:

Hypothese 1: Mütter, die mit mehreren und/oder jüngeren Kindern in einem Haushalt zusammenwohnen, verlassen den Bezug von SGB-II-Leistungen seltener.

Für Alleinerziehende, die den Haushalt alleine organisieren und bewältigen müssen, kommen die zeitlichen Einschränkungen stärker zum Tragen. In Paarhaushalten ist die Organisation des Alltags in Haushalt und Kinderbetreuung auf mehrere Schultern verteilbar. Es wird für die Beendigung des Transferleistungsbezugs entscheidend sein, inwieweit in diesen Familien eine Tendenz zu einer egalitären Aufgabenverteilung ausgeprägt ist. Die Aufgabenteilung in Paarhaushalten zwischen Erwerbs- und Hausarbeit erfolgt der ökonomischen Theorie des Haushalts (Becker 1998) zufolge nach nutzenmaximierenden Erwägungen. Die Tatsache, dass

Männer auf dem deutschen Arbeitsmarkt höhere Löhne erzielen können (Gender-Pay-Gap, z. B. Gartner/Hinz 2009), sollte dazu führen, dass in Paarhaushalten die Männer eher ihre Zeit für Erwerbstätigkeit und Mütter für Haus- und Betreuungsarbeit aufwenden. In dieselbe Richtung weisen die institutionellen Regelungen und Geschlechterrollen-Vorstellungen im deutschen Geschlechter-Arrangement. Das kulturelle Leitmotiv für die Aufgabenteilung in einem Paarhaushalt ist das einer Vollzeit-Erwerbstätigkeit des Mannes und einer eingeschränkten, auf die Bedürfnisse des Haushalts Rücksicht nehmenden Arbeitsmarktpartizipation der Frau (Pfau-Effinger 2001). Das Steuersystem mit dem Ehegattensplitting begünstigt ebenfalls eine nicht egalitäre Aufteilung der Erwerbstätigkeit der Ehepartner und schränkt damit die Erwerbsneigung der Frauen ein (Spangenberg 2005). Hieraus lassen sich die nächsten Hypothesen ableiten:

Hypothese 1a: Mehrere und/oder jüngere Kinder beeinflussen bei Alleinerziehenden die Chancen, den Leistungsbezug zu beenden, stärker negativ als bei Müttern in Paarhaushalten.

Hypothese 1b: Im Vergleich von Müttern, die in Paarhaushalten leben, gelingt es nicht verheirateten Müttern eher, den Bezug zu verlassen, da diese nicht den negativen Anreizen des Ehegattensplittings ausgesetzt sind.

Für die Beendigung des Leistungsbezugs ist nicht nur entscheidend, ob die Mütter sich dem Arbeitsmarkt zur Verfügung stellen (können), sondern auch, ob deren Arbeitsangebot auf eine entsprechende Nachfrage trifft. Hier sind die Arbeitsmarktlage und die Potenziale der Mütter selbst entscheidend. Nach der Humankapitaltheorie (Becker 1993) hängen die Arbeitsmarktchancen von Individuen vor allem von deren Qualifikation und Berufserfahrung ab. Diese beeinflussen die Wahrscheinlichkeit, eine Stelle zu finden, und die Lohnhöhe. Besonders für Alleinerziehende bestimmt die Lohnhöhe die Fähigkeit, die Bedürftigkeitsgrenze zu überschreiten. Aufgrund der geschlechtsspezifischen Arbeitsteilung in Paarhaushalten können Mütter trotz guter eigener Arbeitsmarktchancen auf eine Erwerbstätigkeit verzichten, da die Einkommenspotenziale des Partners womöglich höher sind. Alleinerziehende hingegen müssen keine Aushandlungsprozesse im Haushalt beachten. Auch ist für sie die Lohnhöhe von größerer Bedeutung, da es kein Partnereinkommen gibt. Während das Vorhandensein einer Berufsausbildung in den Daten enthalten ist, wird Berufserfahrung mit dem Alter der Mutter approximiert – junge Mütter sollten noch wenig Berufserfahrung gesammelt haben. Ältere Mütter haben eventuell schon länger die Erwerbstätigkeit unterbrochen oder etwa aus gesundheitlichen Gründen eine geringere Produktivität und damit geringere Chancen, eine Erwerbstätigkeit zu finden. Ebenfalls wurden für Migranten und Migrantinnen bereits geringere Arbeitsmarktchancen nachgewiesen (z. B. Statistisches Bundesamt et al. 2008). Aus diesen Erörterungen ergeben sich weitere Hypothesen:

Hypothese 2: Gute Arbeitsmarktchancen (abgeschlossene Berufsausbildung, mittleres Alter, deutsche Staatsangehörigkeit und eine gute Arbeitsmarktlage) begünstigen die Beendigung des SGB-II-Leistungsbezugs bei beiden Mütter-Gruppen.

Hypothese 2a: Die Arbeitsmarktchancen der Mütter beeinflussen den Ausstieg in Paarhaushalten weniger als bei Alleinerziehenden.

Darüber hinaus sind in Paarfamilien Ressourcen eines Partners vorhanden, die eine Überwindung der Bedürftigkeit beeinflussen können. Da es sich in der Regel um einen männlichen Partner handelt, bestehen für diesen womöglich bessere Aussichten auf eine erfolgreiche, den Bedarf deckende Arbeitsaufnahme als für die Mütter. Männer können im Durchschnitt einen höheren Lohn erzielen (z. B. Gartner/Hinz 2009), weisen einen kontinuierlicheren Erwerbsverlauf auf und werden bei Aktivierungs- und Fördermaßnahmen eher berücksichtigt (Achatz 2007; IAQ et al. 2009; Betzelt 2008). Bei Alleinerziehenden können eventuell Ressourcen des Ex-Partners hinsichtlich einer sporadischen bis regelmäßigen Unterstützung bei der Kinderbetreuung oder der finanziellen Unterstützung durch Unterhaltszahlungen vorhanden sein. Diese sollten eher verfügbar sein, wenn es sich um geschiedene oder getrennt lebende Alleinerziehende gegenüber Ledigen handelt, da hier wohl eine längere vorherige Partnerschaft bestand.

Hypothese 3: Nach Kontrolle aller Einflüsse der Kinder und der individuellen Arbeitsmarktchancen verlassen Mütter in Paarhaushalten den Bezug häufiger, da auch deren Partner erwerbstätig sein kann.

2.3 Datenbasis und Methoden

Die Datenbasis für die vorliegende Analyse bildet das Administrative Panel des IAB (z. B. Graf/Rudolph 2006). Hierbei handelt es sich um Prozessdaten zum SGB-II- Leistungsbezug der Bundesagentur für Arbeit (10-%-Stichprobe), die für Längsschnittanalysen aufbereitet wurden. Die Daten werden im Geschäftsprozess der Leistungsgewährung erfasst und sind v. a. bezüglich der Genauigkeit der Angaben zur Dauer des Leistungsbezugs sehr verlässlich, haben aber ein eingeschränktes Merkmalsspektrum. Diese Datenbasis bietet mit einer hohen Fallzahl (ca. 38.000 Mütter) die Möglichkeit, beide Gruppen von Müttern getrennt zu analysieren.

Bei einer Analyse der Dauer des Leistungsbezugs bzw. der Armut stellt sich die Frage, welche Stichprobe betrachtet werden soll. Eine Analyse von Bestandsstichproben bedeutet zum einen eine Überschätzung der Bezugsdauer, da Kurzzeitbezieher eine geringere Wahrscheinlichkeit haben, zu einem bestimmten Zeitpunkt im Bestand zu sein als Langzeitbezieher und damit zur Analysegruppe zu gehören (z. B. Bane/Ellwood 1986). Zum anderen stellt sich das Problem der Linkszensierung. Für diejenigen, die schon zu Beginn der Einführung der neuen Grundsicherung im Januar 2005 Leistungen beziehen, ist unklar, ob und wie lange sie vorher Sozial- oder Arbeitslosenhilfe bezogen haben.

Diese beiden Probleme werden umgangen, indem nur Zugänge ins SGB II betrachtet werden. Es werden diejenigen Personen einbezogen, die zwischen Februar 2005 und Juli 2007 erstmals den Bezug begonnen haben. Eine Analyse von Zugangskohorten misst die individuellen Lebenschancen von Leistungsbeziehern am besten (Leisering 2008). Der Beobachtungszeitraum reicht bis Ende Juli 2007, sodass die untersuchten Mütter bis zu 2 ½ Jahre betrachtet werden können. In die Stichprobe gelangen alle weiblichen erwerbsfähigen Hilfebedürftigen, die mit mindestens einem Kind unter 15 Jahren[6] in der Bedarfsgemeinschaft leben und entweder alleinerziehend[7] sind oder mit einem Partner zusammenleben.

Das Alter der Kinder ist eingeschränkt zeitabhängig abgebildet, da eine Änderung des Alters kein auslösendes Ereignis für die Anlage eines neuen Spells[8] in den Daten ist. Eine Aktualisierung findet statt, wenn ein neues Kind geboren wird oder eine andere leistungsrechtlich relevante Veränderung auftritt, in der Regel in Abständen von sechs Monaten. Es wird zwischen Klein-, Kindergarten- und Schulkindern nach dem jeweiligen Alter (bis 3 Jahre, 4 bis 6 Jahre und 7 bis 14 Jahre) unterschieden, da von diesen Gruppen jeweils unterschiedliche Betreuungsanforderungen ausgehen und externe Betreuungsmöglichkeiten in unterschiedlichem Maße zur Verfügung stehen. Erreicht das jüngste Kind im Haushalt das 15. Lebensjahr oder zieht ein Kind aus, sodass kein Kind unter 15 Jahren mehr im Haushalt vorhanden ist, wird der Fall rechtszensiert und scheidet ab diesem Zeitpunkt aus der Analyse aus.

Das untersuchte Ereignis ist der Ausstieg aus dem Leistungsbezug. Dieses liegt vor, wenn für mindestens einen Kalendermonat keine Leistungen mehr bezogen wur-

---

[6] Nur bis zu diesem Alter wird im SGB II ein Betreuungsaufwand angenommen und eventuell bei der Zumutbarkeit einer Arbeitsaufnahme berücksichtigt (§ 10 SGB II).

[7] Alleinerziehend bedeutet, neben einem jüngsten Kind von unter 15 Jahren und eventuell weiteren Kindern (bis unter 25 Jahre) mit keinem weiteren Erwachsenen (Partner oder Eltern) in der Bedarfsgemeinschaft zu leben.

[8] Eine zusammenhängende Phase des Leistungsbezugs wird in den Daten in zeitliche Unterabschnitte zerlegt, falls sich Eigenschaften der Mutter oder ihres Haushalts, die für den Leistungsgewährungsprozess relevant sind, ändern (= *Spells*). Dies ermöglicht eine zeitlich variable Erfassung der Merkmale und ihres Einflusses auf den Ausstiegsprozess.

den, unabhängig davon, ob danach ein erneuter Leistungsbezug auftritt.[9] Es handelt sich um ein Ein-Episoden-Modell mit nur einem Zielzustand (Ende des Leistungsbezugs), da mit den vorhandenen Daten nicht nach dem Abgangsgrund unterschieden werden kann. Es ist allerdings anzunehmen, dass eine Arbeitsaufnahme hier eine größere Rolle als in der Sozialhilfe spielt (siehe Kapitel 2.3). Der Bezug von vorrangigen Leistungen (z. B. der Arbeitslosenversicherung) als Abgangsgrund (Buhr 1995; Voges/Ostner 1995) sollte beim Ausstieg aus dem SGB-II-Leistungsbezug seltener der Fall sein.[10] Andere Abgangsgründe können auf eine veränderte Zusammensetzung des Haushalts und damit auf ein geändertes Bedarfsniveau zurückgehen: z. B. Geburt oder Auszug eines Kindes und, speziell bei Alleinerziehenden, der Einzug eines neuen Partners.

Die von der Untersuchung verwendete Analysemethode ist die Ereignis- bzw. Verweildaueranalyse (z. B. Blossfeld et al. 2009). Mit dieser Methode wird untersucht, wie die Hazard- bzw. Übergangsrate von zeitkonstanten und -veränderlichen Kovariablen beeinflusst wird. Die Hazardrate gibt die zeitpunktbezogene Neigung einer Person an, vom Ausgangszustand (hier: Bezug von Leistungen nach SGB II) in einen Zielzustand (hier: kein Leistungsbezug nach SGB II) zu wechseln, sofern noch kein Zustandswechsel eingetreten ist. Für die Spezifizierung der Hazardrate bestehen verschiedene Möglichkeiten. In einem Cox-Modell wird die Hazardrate als ein Produkt einer unspezifizierten „baseline rate" und dem Einfluss von Kovariablen konzipiert.[11] Das Modell ist besonders geeignet, wenn man – unter Kontrolle der Zeitabhängigkeit des Prozesses – an der Größe und Richtung der Effekte der Kovariablen interessiert ist (Blossfeld et al. 2009), und besitzt den Vorteil, dass die Art und Weise, wie sich die Hazardrate mit der Zeit entwickelt, nicht im Vorhinein (z. B. als mit der Zeit steigend oder fallend) definiert werden muss. Damit besteht keine Gefahr, durch eine Missspezifikation der Zeitabhängigkeit die Ergebnisse für die Kovariablen zu verzerren. Eine Voraussetzung für dieses Modell ist aber die Annahme der Proportionalität, d. h. der Einfluss der Kovariablen bewirkt eine proportionale Verschiebung der Übergangsrate, verändert aber nicht deren Form. Zur Kontrolle dieser Annahme kann ein nicht proportionales Cox-Modell mit periodenspezifischen Effekten berechnet werden, welches es zulässt, dass die Einflüsse der Kovariablen in unterschiedlichen Zeitintervallen variieren (Cleves

---

9   Bisherige Untersuchungen deuten an, dass die Wahrscheinlichkeit einer Rückkehr in den Leistungsbezug nach einem Ausstieg für Alleinerziehende geringer ist als für andere Typen von Bedarfsgemeinschaften (Koch et al. 2009: 57).
10 Die Inanspruchnahme des Kinderzuschlags war (hauptsächlich aufgrund zu niedrigen Einkommens) bis 2008 sehr gering (BMFSFJ 2008b). Eine Rückkehr von ALG-II-Beziehern in Arbeitslosengeld I muss als sehr gering betrachtet werden, und das Niveau des Wohngeldes liegt unter dem Wohngeldniveau nach SGB II.
11 $r(t) = h(t) \exp(A(t)\alpha)$; wobei $r(t)$ die Hazardrate, $h(t)$ die unspezifizierte „baseline rate" und $A(t)$ einen Vektor von Kovariaten, die die Rate beeinflussen, darstellen.

et al. 2008: 199–200). Ein möglicherweise vorliegender Verstoß gegen die Proportionalitätsannahme ist damit korrigiert. Um die Modellspezifikation allgemein zu überprüfen, wird zusätzlich zum Cox-Modell ein „piecewise constant exponential model" (PCEM) geschätzt. Hierbei wird der Beobachtungszeitraum in Intervalle (hier: 6 Monate) aufgeteilt[12], sodass die Hazardrate dadurch auch mit der Zeit relativ frei variieren kann und es ebenso möglich ist, periodenspezifische Effekte der Kovariablen zu berechnen.[13] Zur Überprüfung der Hypothese 3 wird ein Modell mit einem gepoolten Datensatz gerechnet, in dem beide Gruppen von Müttern gleichzeitig enthalten sind. Über Interaktionsterme, die aus den jeweiligen unabhängigen Variablen und der Gruppenzugehörigkeit (alleinerziehend oder in Paarhaushalt) gebildet werden, können Unterschiede in der Effektstärke bestimmt werden (siehe letzte Spalte in Tabelle 2.3). Daneben wird auch das Merkmal der Gruppenzugehörigkeit integriert. Als Kovariablen gehen Merkmale des Haushalts (Alter des jüngsten Kindes im Haushalt, Anzahl der Kinder im Haushalt), Eigenschaften der Mütter (Alter, Familienstand, Ausbildung, Staatsbürgerschaft) und regionale Informationen (regionale Arbeitslosenquote, Zugehörigkeit zu Ost- oder Westdeutschland, Ortsgröße)[14] in die Modelle ein.[15] Der Bedarfsgemeinschaftstyp (hier: alleinerziehend oder Paar) muss nicht über die Zeit konstant sein. Wenn sich ein Alleinerziehenden-Haushalt zu einem Paar-Haushalt mit Kindern (oder umgekehrt) wandelt und dies die Ausstiegschancen beeinflusst, wird dieser Effekt durch eine Kontrollvariable im Verweildauermodell berücksichtigt. Damit wird eine Vermischung mit den Effekten der anderen Kovariablen verhindert.

2.4 Deskriptive Ergebnisse

In die Analyse gehen 16.247 alleinerziehende und 21.637 in einem Paarhaushalt lebende, erwerbsfähige Mütter mit einem Kind unter 15 Jahren ein, die zwischen Februar 2005 und Juli 2007 erstmals Leistungen nach dem SGB II bezogen haben.

Als erstes wird die Zusammensetzung der beiden zu untersuchenden Haushaltstypen hinsichtlich einiger Merkmale (zum Zeitpunkt des Zugangs) betrachtet (Tabelle 2.2). Diese Betrachtung ermöglicht eine erste Einschätzung, um welche Personengruppen es sich jeweils handelt. Beide Haushaltstypen sind hinsichtlich der betrachteten Merkmale sehr heterogen.

---

[12] Eine alternative Einteilung in Drei-Monats-Intervalle bedingt keine Veränderung der Kovariablen-Einflüsse.
[13] $r(t) = \exp\{\overline{\alpha}_l + A\alpha_l\}$; wobei $\overline{\alpha}_l$ ein konstanter Koeffizient im l-ten Intervall und A einen Vektor der Kovariablen und α_l einen Koeffizienten-Vektor für das l-te Intervall darstellt.
[14] Durch die Berechnung von robusten Standardfehlern wird berücksichtigt, dass die Untersuchungseinheiten regional geclustert sind.
[15] Außer der Staatsangehörigkeit sind die Kovariablen zeitabhängig modelliert.

Tabelle 2.2: Soziodemografie von Müttern mit Kind(ern) unter 15 Jahren im Haushalt zu Beginn des SGB-II-Bezugs (Anteile in %)

	Alleinerziehende	Mütter in Paarhaushalten
Alter der Befragten		
bis 24 Jahre	13,9	12,3
25–34 Jahre	41,7	47,7
35–44 Jahre	37	33,5
45–64 Jahre	7,4	6,5
Alter des jüngsten Kindes		
0–3 Jahre	42,2	53
4–6 Jahre	20,4	17,3
7–14 Jahre	37,4	29,7
Anzahl Kinder unter 14 Jahren		
1	71,7	58,3
2 und mehr	28,3	41,7
Ausbildung[1]		
(Fach-)Hochschule	2	1,2
(außer)betr. Ausbildung	23,5	14,7
(Berufs-)Fachschule	3	1,5
keine abgeschl. Ausbildung	24,5	23,8
Keine Angabe	47,1	58,9
Staatsangehörigkeit		
Deutsch	84,3	70,8
Nicht deutsch	15,8	29,3
Region		
West	67,5	65,7
Ost (inkl. Berlin)	32,5	34,3
Arbeitslosigkeitsstatus[2]		
Arbeitslos	37,5	23,9
Arbeitsuchend	18,8	11,5
N	16247	21637

1 Die Bildung ist nicht für alle Transferbezieher im System erfasst. Die Gruppe, für die keine Informationen zur Ausbildung vorliegen, setzt sich wahrscheinlich hauptsächlich aus erwerbstätigen Hilfebeziehern, Maßnahmeteilnehmern und nicht verfügbaren Beziehern zusammen.
2 Arbeitslosigkeitsstatus: Bei nicht arbeitslosen oder -suchenden Personen sind entweder die Verfügbarkeit oder die Eigenbemühungen nicht gegeben (z. B. wegen (Vollzeit-)Erwerbstätigkeit oder Betreuungspflicht). Der genaue Status dieser Gruppe ist auf Basis dieser Daten nicht zu klären.
Quelle: Administratives Panel, 255 Kreise, eigene Berechnungen, Zugänge Februar 2005 bis Juli 2007.

Es fällt auf, dass aus dieser Sicht die Alleinerziehenden etwas günstigere Eigenschaften aufweisen, sodass bei ihnen eigentlich größere Chancen zur Überwindung der Hilfebedürftigkeit vorhanden sein müssten. Sie leben seltener mit Kleinkindern (bis einschließlich 3 Jahre) oder mehr als einem Kind unter 14 Jahren in einer Bedarfsgemeinschaft, sodass der Betreuungsaufwand etwas geringer sein sollte.

Daneben haben Alleinerziehende etwas häufiger eine abgeschlossene Berufsausbildung und eine deutsche Staatsbürgerschaft. Gleichzeitig scheinen die Alleinerziehenden dem Arbeitsmarkt näherzustehen, denn sie sind häufiger arbeitslos oder arbeitsuchend gemeldet, also an einer Arbeitsaufnahme interessiert.

Dies kann zum einen daran liegen, dass sie eher neben der Kinderbetreuung erwerbstätig sein wollen. Zum anderen haben die Mütter in Paarhaushalten häufiger junge Kinder im Haushalt, nehmen die Erziehungsaufgabe anscheinend auch selbst wahr und stellen die Arbeitsuche hinten an. Ein Hinweis hierauf ist, dass der Anteil an Arbeitslosen als auch an Arbeitsuchenden unter denjenigen Müttern, deren jüngstes Kind unter drei Jahre alt ist (und damit die Zumutbarkeit einer Arbeitsaufnahme nicht gegeben ist; vgl. § 10 SGB II), bei Alleinerziehenden mit 42 Prozent deutlich höher ist als bei Müttern in Paarhaushalten, wo der Anteil bei 27 Prozent liegt. Dies kann auch bedeuten, dass in Paarhaushalten v. a. bei jungen Kindern die Betreuungsaufgaben in der Tat der Mutter zugewiesen werden.

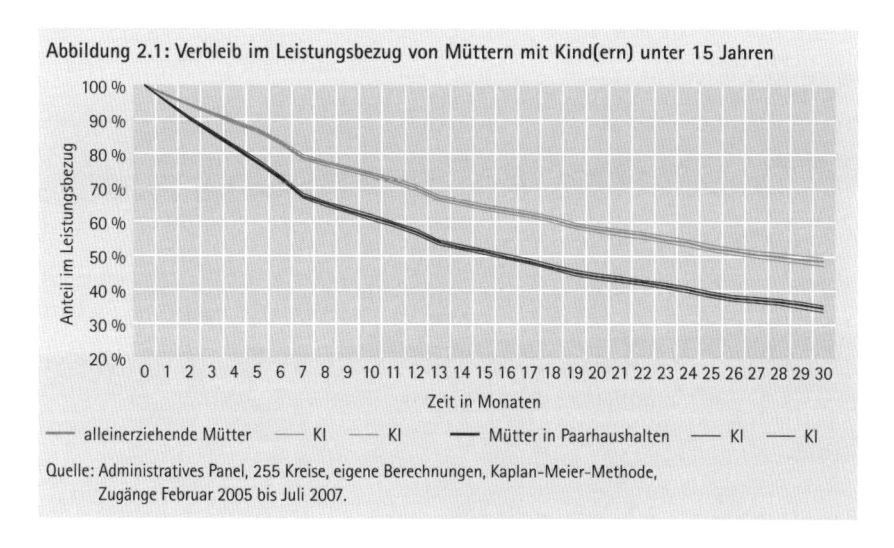

Abbildung 2.1: Verbleib im Leistungsbezug von Müttern mit Kind(ern) unter 15 Jahren

Quelle: Administratives Panel, 255 Kreise, eigene Berechnungen, Kaplan-Meier-Methode, Zugänge Februar 2005 bis Juli 2007.

Im Gegensatz zu der Annahme, die aus den Merkmalsverteilungen abgeleitet wurde, sind es jedoch die Mütter in Paarhaushalten, die schneller den Leistungsbezug verlassen (Abbildung 2.1). Dies spricht für einen strukturellen Vorteil, der auf die Haushalts-Konstellation mit Partner zurückzuführen sein könnte. An den Survivorkurven[16] in Abbildung 2.1 ist zu jedem Zeitpunkt die Wahrscheinlichkeit abzulesen, zu diesem Zeitpunkt noch im Leistungsbezug zu sein. In beiden Gruppen gibt es einen gewissen Anteil von Kurzzeitbezug, d. h. eine Bezugsdauer von maximal einem

---

16 Die Survivorkurven der beiden Gruppen sind nach einem Wilcoxon- und einem LogRank-Test signifikant voneinander verschieden.

Jahr. Nach zwölf Monaten haben 30 Prozent der Alleinerziehenden und 43 Prozent der Mütter in Paarhaushalten den Bezug verlassen. Nach zweieinhalb Jahren sind noch 35 Prozent der Mütter in Paarhaushalten im Leistungsbezug, Alleinerziehende noch zu fast der Hälfte (49 %).

Betrachtet man den Verlauf der Hazardraten über die Zeit für beide Gruppen in den Abbildungen 2.2 bzw. 2.3, wird deutlich, dass sich deren Verlauf ähnelt. Die zeitpunktbezogenen Chancen, den Bezug zu beenden, steigen in den ersten sechs Monaten an, um danach zu sinken, wobei die Rate für Alleinerziehende zu jedem Zeitpunkt deutlich niedriger liegt. Gegen Ende des Beobachtungszeitraums (nach 30 Monaten) ist für beide Gruppen die Ausstiegswahrscheinlichkeit sehr gering. Das bedeutet, dass für diejenigen, die bis zum Ende des beobachteten Zeitraums noch nicht den Ausstieg geschafft haben, eine zukünftige Beendigung des Leistungsbezugs relativ unwahrscheinlich ist und sich ein beträchtlicher Anteil von verfestigtem Langzeitbezug andeutet.

Abbildung 2.2: Hazardrate von alleinerziehenden Müttern mit Kind(ern) unter 15 Jahren

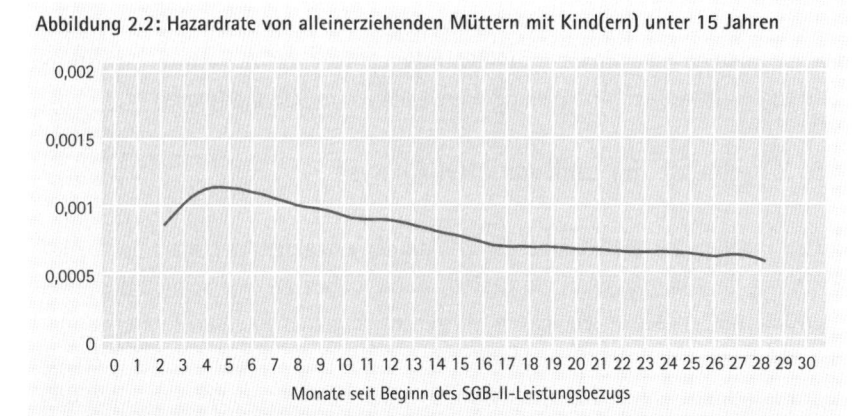

Abbildung 2.3: Hazardrate von Müttern in Paarhaushalten mit Kind(ern) unter 15 Jahren

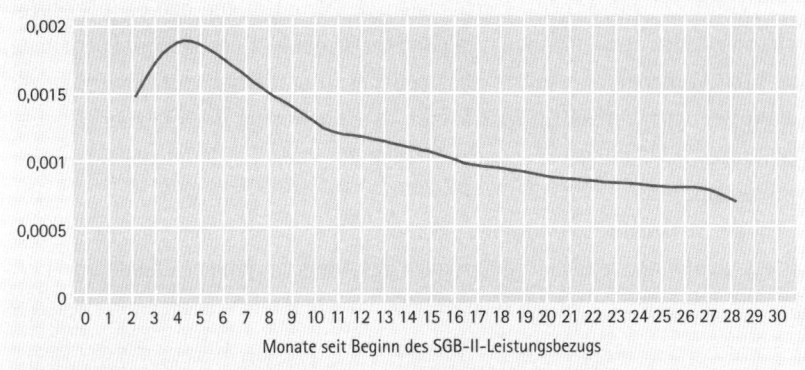

Quelle: Administratives Panel, 255 Kreise, eigene Berechnungen, Kaplan-Meier-Methode, Zugänge Februar 2005 bis Juli 2007.

Eine abnehmende Ausstiegsrate beim Bezug von Sozialleistungen (negative Zeitabhängigkeit) ist ebenfalls aus der Zeit vor dem SGB II in der Sozialhilfe (z. B. Leibfried et al. 1995) und für Arbeitslosigkeit (z. B. Steiner 2001) bekannt. Mögliche Erklärungen dafür können zum einen in Entmutigungs-, Gewöhnungs- und Dequalifizierungsprozessen während des Leistungsbezugs gesehen werden. Andererseits ist es möglich, dass es sich bei diesem Phänomen um einen Sortierungseffekt bei selektiven Ausstiegsprozessen handelt. Wenn diejenigen, die gute Chancen haben, den Leistungsbezug zu verlassen, früher den Ausstieg schaffen, bleiben diejenigen mit schlechten Chancen übrig. Deshalb sinkt die Hazardrate mit der Zeit, obwohl die Ausstiegschancen auf Individualebene konstant bleiben.

Für den Verbleib in Sozialhilfe wurde gezeigt, dass „die in der Tat abnehmende Austrittswahrscheinlichkeit wesentlich auf eine vorgängige Heterogenität der untersuchten Klientel zurückzuführen ist" (Leibfried et al. 1995: 136). Individuelle Merkmale wie z. B. Alter oder Grund für den Sozialhilfebezug bestimmen den Ausstiegsprozess und nicht etwa eine steigende Abhängigkeit vom Transferbezug. Auf Grund dessen ist es auch für die hier vorliegende Analyse notwendig, mögliche divergierende Ausstiegschancen zu identifizieren. Dies soll im nächsten Schritt mit Hilfe von multivariaten Analysen der Verweildauer im SGB II erfolgen.

2.5 Ergebnisse der multivariaten Analyse

In den Tabellen 2.3 bis 2.5 sind die Effekte der einzelnen Merkmale der Betroffenen auf die Übergangsrate dargestellt. Diese geben an, wie schnell die jeweiligen Teilgruppen der untersuchten Mütter im Vergleich zu einer Referenzgruppe aus dem Bezug von SGB-II-Leistungen aussteigen. Hierbei bedeutet ein Wert von über eins einen schnelleren Ausstieg als in der Referenzgruppe und umgekehrt (z. B. Blossfeld et al. 2009). Es ist beachtlich, dass sich die beiden Modelle (Cox und PCEM) nicht wesentlich unterscheiden. Der Vergleich mit den periodenspezifischen Modellen zeigt, dass Richtung und Größe der Einflüsse adäquat abgebildet sind.[17] Das Vorhandensein von unterschiedlichen Ausstiegschancen in den einzelnen Untergruppen ist ein Hinweis darauf, dass die mit der Bezugsdauer fallenden Hazardraten (Abbildungen 2.2 und 2.3) auch auf einen Sortierungseffekt zurückzuführen sind.

Für die Merkmale des Haushalts in Tabelle 2.3 ist zu erkennen, dass es – wie erwartet – deutliche Unterschiede bezüglich des Alters des jüngsten Kindes im Haushalt gibt. Dieser Effekt ist bei Alleinerziehenden besonders ausgeprägt. Der Wert

---

[17] Die einzige Ausnahme stellt hier der Effekt des Familienstands „verheiratet" bei Müttern in Paarhaushalten dar. Hier wandelt sich der positive Einfluss im ersten Intervall zu einem negativen im dritten Intervall, während im Gesamtmodell kein signifikanter Effekt festzustellen ist.

von 0,77 im Cox-Modell bzw. 0,78 im Piecewise-Modell für Alleinerziehende mit Kindern bis einschließlich drei Jahren bedeutet, dass die Ausstiegsrate dieser Gruppe um 22–23 Prozent niedriger liegt als die derjenigen mit einem jüngsten Kind von sieben bis 14 Jahren im Haushalt. Alleinerziehende mit einem jüngsten Kind von vier bis sechs Jahren steigen im Vergleich dazu etwas schneller aus dem Bezug aus, aber auch die Rate dieser Gruppe liegt um zwölf bzw. 13 Prozent niedriger als die der Vergleichsgruppe (7 bis 14 Jahre).

Bei Müttern in Paarhaushalten ist das Alter des jüngsten Kindes etwas weniger entscheidend. Das ist auch der größte Unterschied zwischen den beiden Gruppen.[18] Das Vorhandensein eines jüngsten Kindes bis einschließlich drei Jahren bedeutet eine Reduktion der Ausstiegschancen um 13 Prozent. Ein Kind im Alter von vier bis sechs Jahren bedeutet keinen Unterschied zu einem jüngsten Kind im Schulalter (7 bis 14 Jahre). Dies kann darauf zurückzuführen sein, dass ein Betreuungsarrangement für Kindergartenkinder als Halbtagsbetreuung der Mutter nur eine Teilzeit-Erwerbstätigkeit oder geringfügige Beschäftigung erlaubt. Im Falle der Paarhaushalte könnte eine eingeschränkte Erwerbstätigkeit der Mutter in Kombination mit einer Erwerbstätigkeit des Partners ausreichen, die Bedürftigkeit zu überwinden, während diese Option Alleinerziehenden nicht zur Verfügung steht.

Mütter, die in ihrem Haushalt zwei oder mehr Kinder unter 14 Jahren versorgen, haben (unabhängig vom Haushaltstyp) eine längere Bezugsdauer, weil bei ihnen sowohl der Betreuungsaufwand als auch das zur Sicherung des Lebensunterhaltes benötigte Einkommen höher ist. Damit kann Hypothese 1 vollständig und die Hypothese 1a hinsichtlich des Einflusses des Alters des jüngsten Kindes bestätigt werden.

Bei Müttern, die in einem Haushalt mit einem Partner leben, verrät erst ein Blick auf die periodenspezifischen Modelle (Tabelle 2.5), dass verheiratete Mütter zu Beginn des Leistungsbezugs eine etwas höhere und gegen Ende eine etwas niedrigere Ausstiegswahrscheinlichkeit haben (siehe Fußnote 17 bzw. Tabelle 2.5). Dieser Effekt scheint Ergebnis von zwei gegenläufigen Einflüssen zu sein. Die theoretische Annahme, dass die Regelungen zum Ehegattensplitting die Erwerbsneigung der Ehefrauen einschränken (Spangenberg 2005), schlägt erst im Laufe der Bezugsdauer durch. Auf der anderen Seite wirken das Ehegattensplitting und die Steuerklasse, die damit verbunden ist, in ihren Konsequenzen für die Veranschlagung der Steuerlast zumindest zu Beginn positiv. Eine Erwerbstätigkeit des Partners ist dann eher ausreichend, um die Bedürftigkeitsgrenze zu überschreiten, als bei nicht ehelich zusammenlebenden Partnern. Unter den Alleinerziehenden gelingt Ledigen im

---

18 Alle im Folgenden dargestellten Unterschiede zwischen den Gruppen erweisen sich im gepoolten Modell (nicht dargestellt) als signifikant (siehe letzte Spalte in Tabelle 2.3). Die Unterschiede zwischen den Gruppen gelten auch in den Modellen mit periodenspezifischen Effekten in den Tabellen 2.4 und 2.5.

Vergleich zu Geschiedenen oder getrennt Lebenden, die eventuell Unterstützung des Ex-Partners erhalten, der Ausstieg seltener (Tabelle 2.3). Somit kann unter Berücksichtigung des zeitabhängigen Einflusses der Ehe die Hypothese 1b zumindest für eine längere Bezugsdauer bestätigt werden.

Auf Seiten der Arbeitsmarktchancen ist ein eindeutiger Zusammenhang mit der erreichten Ausbildung[19] vorhanden. Diejenigen, die keine abgeschlossene Berufsausbildung haben (Referenzgruppe), verlassen den Bezug am langsamsten (s. Tabelle 2.3). Unter den Alleinerziehenden werden diejenigen mit akademischer Ausbildung am schnellsten unabhängig – ihre Ausstiegsrate ist doppelt so hoch wie bei Nichtakademikerinnen. Bei Müttern in Paarhaushalten ist ein (Fach-)Hochschulabschluss weniger entscheidend. Deren Ausstiegsrate unterscheidet sich nicht von denjenigen mit einem anderen Ausbildungsabschluss, die aber allesamt größere Ausstiegschancen aufweisen als Mütter ohne Ausbildung. Das ist der zweite entscheidende Unterschied zwischen den beiden Untersuchungsgruppen. Eine mögliche Erklärung könnte darin liegen, dass alleinerziehende Akademikerinnen aufgrund ihrer besseren Arbeitsmarktchancen und höheren Inanspruchnahme von intensiver Kinderbetreuung (Büchel/Spieß 2002) schneller eine nur temporäre Hilfebedürftigkeit überwinden. Demgegenüber könnten die Akademikerinnen, die in einem Paarhaushalt leben, bewusst auf eine Erwerbstätigkeit verzichten oder dies ein Resultat der partnerschaftlichen Arbeitsteilung sein.

Auffällig ist weiterhin, dass der Bezug von Sozialleistungen vom Alter abhängt. Jüngere Mütter (bis einschließlich 24 Jahre) und ältere Mütter (ab 45 Jahren) verbleiben deutlich länger im System als solche im mittleren Lebensalter (s. Tabelle 2.3). Grund hierfür ist vermutlich eine geringe Berufserfahrung auf Seiten der Jüngeren und die schlechteren Beschäftigungschancen der Älteren.

Die Hazardrate für Mütter mit deutscher Staatsangehörigkeit beider Gruppen liegt höher als für Ausländerinnen und reflektiert damit auch die geringeren Arbeitsmarktchancen der Letzteren. Eine deutsche Staatsangehörigkeit hat für Mütter in Paarhaushalten mit ca. drei Prozent einen größeren positiven Effekt als für Alleinerziehende (19 %). Dies könnte den Hintergrund haben, dass ausländische Mütter in Paarhaushalten dem Arbeitsmarkt vergleichsweise fern sind, da etwa die Aufgabenteilung im Haushalt besonders traditionell ist. Genauso ist denkbar, dass der Partnereffekt hier geringer ausfällt, weil die männlichen Partner häufig ebenfalls keine deutsche Staatsbürgerschaft besitzen und auf dem Arbeitsmarkt größere Probleme haben als Deutsche.

---

19 Der Bildungsstand ist nicht für alle Transferbezieher im System erfasst. Die Gruppe, für die keine Informationen zur Ausbildung vorliegen, setzt sich wahrscheinlich hauptsächlich aus erwerbstätigen Hilfebeziehern, Maßnahmeteilnehmern und nicht verfügbaren Beziehern zusammen.

Auch Merkmale des regionalen Kontextes haben Einfluss auf die Ausstiegsrate. Die Arbeitsmarktlage – gemessen an der regionalen Arbeitslosenquote[20] – als Indikator für die Arbeitsnachfrage beeinflusst den Ausstiegsprozess. Der Koeffizient von 0,98 bzw. 0,99 bedeutet, dass ein Anstieg der Arbeitslosenquote um einen Prozentpunkt die Ausstiegsrate um ein bzw. zwei Prozent senkt (s. Tabelle 2.3). Dies gilt für beide Gruppen gleichermaßen. Damit ist Hypothese 2 bestätigt, da die Indikatoren der Arbeitsmarktchancen den Ausstieg aus dem Leistungsbezug in der erwarteten Weise begünstigen. Hypothese 2a, die davon ausging, dass diese arbeitsmarktbezogenen Merkmale bei Alleinerziehenden stärker wirken, lässt sich nur hinsichtlich eines akademischen Abschlusses bestätigen. Bei der Nationalität der Mütter ist sogar ein gegenteiliger Effekt feststellbar.

Weitere regionale Merkmale, die auch die Rahmenbedingungen für die Betroffenen beeinflussen, haben hier ebenfalls Bedeutung. In größeren Städten gelingt ein Ausstieg aus dem Leistungsbezug seltener. Dies könnte ein Hinweis darauf sein, dass sich in den Großstädten vielleicht räumliche Konzentrationstendenzen von Hilfeempfängern zeigen, die die Verfestigung des Leistungsbezugs begünstigen (Farwick 2001) oder höhere Lebenshaltungskosten den Ausstieg erschweren. Ebenso ist hierbei zu berücksichtigen, dass Betreuungsmöglichkeiten in der Stadt und auf dem Land unterschiedlich ausgestaltet sein können. In größeren Städten ist in der Regel eine besser ausgebaute öffentliche Betreuungsinfrastruktur vorhanden, während auf dem Land eher informelle Netzwerke (z. B. zwischen Verwandten) bestehen.

Nach Kontrolle von Ortsgröße und regionaler Arbeitslosenquote spielt die Zugehörigkeit zu Ost- oder Westdeutschland keine große Rolle.

Im gepoolten Modell wurde überprüft, inwieweit sich Alleinerziehende von Müttern in Paarhaushalten hinsichtlich der Beendigungschancen des Leistungsbezugs unterscheiden, nachdem alle anderen Kovariablen und Interaktionen berücksichtigt sind (siehe letzte Zeile in Tabelle 2.3). Es wird deutlich, dass unter Kontrolle aller anderen Faktoren alleinerziehende Mütter eine um 26 Prozent niedrigere Ausstiegsrate aufweisen. Damit kann Hypothese 3 bestätigt werden: Es gibt in der Tat Vorteile von Müttern in Paarhaushalten, die auf die Arbeitsmarkt-Aktivitäten des Partners zurückgehen können.

---

20 Regionale Arbeitslosenquote auf Kreisebene des jeweils letzten Jahres, um Simultanitätsprobleme zu vermeiden (Winterhager 2006).

Tabelle 2.3: Einflüsse auf die Ausstiegsrate von Müttern mit Kindern unter 15 Jahren

		Alleinerziehende		Paare		Signifikanz der Unterschiede[2]
		COX	PCEM	COX	PCEM	
Zeitabhängigkeit	0–6 Monate		0,00176		0,00169	
	7–12 Monate		0,00173		0,00145	
	13–18 Monate		0,00133		0,00107	
	19–24 Monate		0,00124		0,00093	
	25–30 Monate		0,00109		0,00088	
Alter des jüngsten Kindes (Referenz: 7–14 Jahre)	0–3 Jahre	0,77 ***	0,78 ***	0,87 ***	0,87 ***	***
	4–6 Jahre	0,87 ***	0,88 ***	1,01	1,01	***
Anzahl Kinder unter 14 Jahre im Haushalt (Referenz: nur ein Kind u. 14 J.)	2 oder mehr Kinder	0,83 ***	0,83 ***	0,84 ***	0,84 ***	
Familienstand[1] (Referenz: ledig bzw. nicht verheiratet)	Verheiratet			1,04	1,04	
	Sonstige	1,04	1,04			
	Geschieden	1,13 ***	1,13 ***			
	Getrennt	1,13 ***	1,13 ***			
Ausbildung (Referenz: keine abgeschlossene Berufsausbildung)	(Fach-)Hochschule	2,11 ***	2,11 ***	1,52 ***	1,53 ***	***
	(Außer-)betriebliche Ausbildung	1,34 ***	1,34 ***	1,39 ***	1,39 ***	
	(Berufs-)Fachschule	1,34 ***	1,35 ***	1,42 ***	1,43 ***	
	keine Angabe	1,42 ***	1,41 ***	1,42 ***	1,40 ***	
Alter (Referenz: unter 25-Jährige)	25–34 Jahre	1,17 ***	1,17 ***	1,26 ***	1,26 ***	
	35–44 Jahre	1,14 **	1,14 **	1,24 ***	1,24 ***	
	45–65 Jahre	0,94	0,94	0,94	0,95	
Staatsangehörigkeit (Referenz: nicht deutsch)	Deutsch	1,19 ***	1,19 ***	1,32 ***	1,31 ***	**
Arbeitslosenquote auf Kreisebene		0,98 ***	0,98 ***	0,99 ***	0,99 ***	
Ortsgröße (Referenz: unter 100.000 Einwohner)	100.000 bis unter 500.000	0,79 ***	0,79 ***	0,79 ***	0,79 ***	
	500.000 und mehr	0,84 ***	0,84 ***	0,71 ***	0,71 ***	***
Region (Referenz: Ostdeutschland inkl. Berlin)	West	1,02	1,02	0,98	0,98	
Alleinerziehend (gepooltes Modell)[2]			0,74			**
Log-Likelihood		-54948,41	-16505,96	-103287,01	-26661,35	
Fälle		16221	16221	21607	21607	
Episoden		41774	69178	49247	80676	
Ereignisse		6022	6022	11019	11019	

1 Referenzgruppe bei Alleinerziehenden: ledig, bei in einem Paarhaushalt lebenden: nicht verheiratet, d. h. ledig, geschieden etc.
2 Basis ist ein gepooltes Modell mit Interaktionseffekten zwischen Gruppenzugehörigkeit und den unabhängigen Variablen (außer Familienstand).
Robuste Standardfehler, Signifikanzen: $p<0,01$ = ***, $p<0,05$ = **, $p<0,1$ = *
Quelle: Administratives Panel, 255 Kreise, eigene Berechnungen, Zugänge Februar 2005 bis Juli 2007.

Ergebnisse der multivariaten Analyse

Tabelle 2.4: Einflüsse auf die Ausstiegsrate von alleinerziehenden Müttern mit Kindern unter 15 Jahren mit periodenspezifischen Koeffizienten (Intervalle in Tagen)

		Cox			PCEM		
		0–181	182–364	365+	0–181	182–364	365+
Zeitabhängigkeit	0–6 Monate				0,0015		
	7–12 Monate				0,00192		
	13–18 Monate				0,00142		
	19–24 Monate				0,00132		
	25–30 Monate				0,00117		
Alter des jüngsten Kindes (Referenz: 7–14 Jahre)	0–3 Jahre	0,64 ***	0,85 **	0,97	0,65 ***	0,84 **	0,97
	4–6 Jahre	0,82 ***	0,89 *	0,98	0,82 ***	0,89 *	0,98
Anzahl Kinder unter 14 Jahre im Haushalt (Referenz: nur ein Kind unter 14 Jahren im Haushalt)	2 oder mehr Kinder	0,90 **	0,81 ***	0,70 ***	0,90 **	0,82 ***	0,70 ***
Familienstand (Referenz: ledig)	Sonstige	1,06	1,15	0,92	1,05	1,15	0,92
	Geschieden	1,19 ***	1,12 *	1,09	1,19 ***	1,12 *	1,09
	Getrennt	1,19 ***	1,14 **	1,04	1,19 ***	1,14 **	1,04
Ausbildung (Referenz: keine abgeschlossene Berufsausbildung)	(Fach-)Hochschule	2,41 ***	1,84 ***	2,02 ***	2,41 ***	1,84 ***	2,02 ***
	(Außer-)betriebliche Ausbildung	1,42 ***	1,21 ***	1,35 ***	1,42 ***	1,21 ***	1,36 ***
	(Berufs-)Fachschule	1,53 ***	1,04	1,45 ***	1,54 ***	1,04	1,45 ***
	keine Angabe	1,56 ***	1,20 ***	1,45 ***	1,52 ***	1,22 ***	1,48 ***
Alter (Referenz: unter 25-Jährige)	25–34 Jahre	1,09	1,24 **	1,21 **	1,09	1,24 **	1,21 **
	35–44 Jahre	1,09	1,26 **	1,08	1,09	1,26 **	1,07
	45–65 Jahre	0,98	1,00	0,82	0,99	0,99	0,82
Staatsangehörigkeit (Referenz: nicht deutsch)	Deutsch	1,11	1,24 ***	1,26 ***	1,11	1,25 ***	1,27 ***
Arbeitslosenquote auf Kreisebene		0,98 ***	0,99 *	0,97 ***	0,98 ***	0,99 *	0,97 ***
Ortsgröße (Referenz: unter 100.000 Einwohner)	100.000 bis unter 500.000	0,80 ***	0,76 ***	0,82 **	0,80 ***	0,76 ***	0,82 **
	500.000 und mehr	0,88 **	0,82 ***	0,80 ***	0,88 **	0,82 ***	0,80 ***
Region (Referenz: Ostdeutschland inkl. Berlin)	West	1,02	1,14 *	0,90	1,03	1,13 *	0,90
Log-Likelihood		-54898			-16457,19		
Fälle		16221			16221		
Episoden		61169			69178		
Ereignisse		6022			6022		

Robuste Standardfehler, Signifikanzen: p<0,01 = ***, p<0,05 = **, p<0,1 = *
Quelle: Administratives Panel, 255 Kreise, eigene Berechnungen, Zugänge Februar 2005 bis Juli 2007.

Tabelle 2.5: Einflüsse auf die Ausstiegsrate von Müttern in Paarhaushalten mit Kindern unter 15 Jahren mit periodenspezifischen Koeffizienten (Intervalle in Tagen)

		Cox			PCEM		
		0–181	182–364	365+	0–181	182–364	365+
Zeitabhängigkeit	0–6 Monate				0,00143		
	7–12 Monate				0,00181		
	13–18 Monate				0,00119		
	19–24 Monate				0,00105		
	25–30 Monate				0,001		
Alter des jüngsten Kindes (Referenz: 7–14 Jahre)	0–3 Jahre	0,79 ***	0,92	1,06	0,80 ***	0,92	1,06
	4–6 Jahre	0,96	1,07	1,12	0,96	1,07	1,12
Anzahl Kinder unter 14 Jahre im Haushalt (Referenz: nur ein Kind unter 14 Jahren im Haushalt)	2 oder mehr Kinder	0,85 ***	0,85 ***	0,75 ***	0,86 ***	0,84 ***	0,75 ***
Familienstand (Referenz: nicht verheiratet)	Verheiratet	1,14 ***	0,99	0,88 **	1,14 ***	0,99	0,88 **
Ausbildung (Referenz: keine abgeschlossene Berufsausbildung)	(Fach-)Hochschule	1,64 ***	1,76 ***	1,10	1,65 ***	1,77 ***	1,10
	(Außer-)betriebliche Ausbildung	1,49 ***	1,37 ***	1,26 ***	1,50 ***	1,37 ***	1,26 ***
	(Berufs-)Fachschule	1,55 ***	1,33 ***	1,33 *	1,57 ***	1,33 ***	1,33 *
	keine Angabe	1,58 ***	1,33 ***	1,21 ***	1,54 ***	1,34 ***	1,21 ***
Alter (Referenz: unter 25-Jährige)	25–34 Jahre	1,26 ***	1,22 ***	1,29 ***	1,26 ***	1,23 ***	1,29 ***
	35–44 Jahre	1,31 ***	1,21 ***	1,11	1,31 ***	1,21 ***	1,11
	45–65 Jahre	1,03	0,90	0,81 *	1,04	0,90	0,81 *
Staatsangehörigkeit (Referenz: nicht deutsch)	Deutsch	1,31 ***	1,31 ***	1,32 ***	1,30 ***	1,32 ***	1,32 ***
Arbeitslosenquote auf Kreisebene		0,99	0,97 ***	0,99 *	0,99	0,97 ***	0,99 *
Ortsgröße (Referenz: unter 100.000 Einwohner)	100.000 bis unter 500.000	0,81 ***	0,79 ***	0,78 ***	0,81 ***	0,79 ***	0,78 ***
	500.000 und mehr	0,65 ***	0,78 ***	0,77 ***	0,66 ***	0,77 ***	0,77 ***
Region (Referenz: Ostdeutschland inkl. Berlin)	West	0,96	0,89	1,14	0,97	0,89 *	1,14
Log-Likelihood			-103209,81			-26589,25	
Fälle			21607			21607	
Episoden			71797			80676	
Ereignisse			11019			11019	

Robuste Standardfehler, Signifikanzen: p<0,01 = ***, p<0,05 = **, p<0,1 = *
Quelle: Administratives Panel, 255 Kreise, eigene Berechnungen, Zugänge Februar 2005 bis Juli 2007.

2.6 Zusammenfassung der Ergebnisse

Was bedeuten die dargestellten Untersuchungsbefunde zu den Ausstiegschancen aus dem SGB-II-Bezug hinsichtlich der eingangs gestellten Fragen? Was sind die Gründe, die die Überwindung der Hilfebedürftigkeit beeinflussen, und unterscheiden sie sich zwischen den beiden betrachteten Haushaltstypen?

Bei diesen Gründen handelt es sich zum einen um die Möglichkeiten, dem Arbeitsmarkt zur Verfügung zu stehen, die in der Haushaltsstruktur begründet sind. Hiervon ist abhängig, ob es möglich ist, durch eine Arbeitsaufnahme den Bezug von Grundsicherungsleistungen zu beenden. Es ist zu beobachten, dass das Alter des jüngsten Kindes, das einen Indikator für den zu leistenden Betreuungsaufwand und die Möglichkeit, externe Betreuung in Anspruch zu nehmen, darstellt, einen deutlichen Einfluss auf die Beendigungschancen des Leistungsbezugs ausübt. Je jünger das jüngste Kind ist, desto weniger gelingt die Überwindung der Hilfebedürftigkeit. Dieser Einfluss ist bei Alleinerziehenden ausgeprägter als bei Müttern in Paarhaushalten. Bei letzteren kommt die Möglichkeit hinzu, die anfallenden Haushaltsaufgaben auf mehrere Schultern zu verteilen oder eine eingeschränkte Arbeitszeit der Mutter durch eine Arbeitsmarktpartizipation des Partners auszugleichen. Kindergartenkinder im Haushalt könnten zumindest die Ausübung einer Teilzeittätigkeit bei den Müttern ermöglichen, die in Kombination mit einem Einkommen des Partners zur Überschreitung der Bedürftigkeitsgrenze ausreichen dürfte. Das ist ein erster Hinweis darauf, dass in Paarhaushalten in der Tat die zeitlichen Ressourcen des Haushaltes für die insgesamt schnellere Überwindung der Hilfebedürftigkeit bedeutsam sind, obwohl in den Paarhaushalten häufiger jüngere Kinder leben (s. Tabelle 2.2). Demgegenüber sind Alleinerziehende bei der Kinderbetreuung auf externe Unterstützung angewiesen. Zwar lassen Alleinerziehende im Leistungsbezug häufiger Kinder unter 14 Jahren außerfamiliär betreuen als Mütter in Paarhaushalten (Kaltenborn/Wielage 2009). Anscheinend ist diese Möglichkeit aber noch nicht in ausreichendem Ausmaß vorhanden. Von entscheidender Bedeutung für die positiveren Ausstiegschancen der Paarhaushalte scheint ein mögliches zweites Einkommen (das des Partners) zu sein, welches die eigentlich günstigeren Ausgangsbedingungen der Alleinerziehenden mehr als ausgleicht.

Eine zweite Reihe von Gründen, die die Beendigung des Leistungsbezugs beeinflussen, sind die Arbeitsmarktchancen. Eine angebotene Arbeitskraft findet dann eher einen Arbeitsplatz, wenn sie als produktiv eingeschätzt wird. Merkmale, die die Beschäftigungschancen begünstigen (Alter, Qualifikation, Staatsbürgerschaft), fördern den Ausstieg aus dem Leistungsbezug in beiden untersuchten Gruppen in sehr ähnlicher Weise. Neben einer größeren Wirkung einer deutschen Staatsangehörigkeit bei Müttern in Paarhaushalten ist es v. a. eine erreichte akademische Ausbildung, die bei Alleinerziehenden einen stärkeren positiven Effekt auf die Hazardrate hat. Daneben ist wieder ein ähnliches Muster wie unter Punkt 1 zu erkennen: Die Alleinerziehenden sind in der Stichprobe etwas besser gebildet (s. Tabelle 2.2), verlassen den Leistungsbezug im Durchschnitt aber später – was wiederum auf einen signifikanten Einfluss der Aktivität des Partners in Paarhaushalten hindeutet. Daneben ist für eine erfolgreiche Beschäftigungsaufnahme auch entscheidend, wie die Situation auf dem regionalen Arbeitsmarkt aussieht. Eine höhere regionale Arbeitslosenquote führt in beiden Gruppen zu einem verlängerten Bezug der SGB-II-Leistungen.

In den beiden eben ausgeführten Punkten deutet sich ein entscheidender Einfluss des männlichen Partners bei den Müttern in Paarhaushalten an. Es konnte mit Hilfe eines gepoolten Modells belegt werden, dass Mütter in Paarhaushalten nach Kontrolle aller anderen Einflussfaktoren den Leistungsbezug schneller verlassen können als Alleinerziehende. Hier dürfte der Partner eine entscheidende Ressource darstellen. Er kann durch eine Aktivität auf dem Arbeitsmarkt die Einkommenssituation des Haushalts verbessern. Damit erhöht sich das Haushaltseinkommen und verkleinert die Lücke zur Bedürftigkeitsgrenze oder überschreitet diese. Hieraus wäre abzuleiten, dass zum einen eine eingeschränkte, zusätzliche Erwerbstätigkeit der Mutter eine Überwindung der Hilfebedürftigkeit zur Folge hat. Zum anderen ist eine Bereitschaft zur Berufstätigkeit bei diesen Müttern weniger notwendig, da auch das Erwerbseinkommen des Mannes alleine ausreichen kann. Alleinerziehenden stehen diese Optionen nicht zur Verfügung. Dementsprechend ist bei ihnen die Bedeutung des eigenen Handelns größer. Das ist womöglich auch daran abzulesen, dass alleinerziehende Mütter häufiger arbeitsuchend sind (Tabelle 2.2) und in ihren Einstellungen dem Beruf eine höhere Priorität beimessen als Mütter in Paarhaushalten (Heimer et al. 2009). Außerdem sind Alleinerziehende eher bereit, ihre Kinder in einer außerfamiliären Einrichtung betreuen zu lassen (IAQ et al. 2009).

Wie genau und in welchem Ausmaß die Aktivität des Partners die Überwindung des Hilfebezugs beeinflusst, muss noch konkret geprüft werden. Das Gleiche gilt für die Frage, inwieweit der Partner eine Unterstützung bei der Kinderbetreuung darstellt. Diese beiden Facetten müssen in weiterer Forschung thematisiert und operationalisiert werden. Darüber hinaus sollte in Zukunft geprüft werden, welche Rolle eine Erwerbstätigkeit für das Ende des Leistungsbezugs spielt. Dementsprechend sollte nach den Abgangsgründen differenziert werden. Erfolgt eine Beendigung des Leistungsbezugs durch Aufnahme oder Ausweitung einer Erwerbstätigkeit (eventuell durch den Partner) oder durch andere Gründe wie z. B. eine veränderte Zusammensetzung der Bedarfsgemeinschaft? Für die Sozialhilfe wurde festgestellt, dass die Bestimmungsfaktoren für den Ausstieg durchaus mit dem Abgangsgrund variieren (Gangl 1998).

2.7 Ausblick

Aus vereinbarkeitspolitischer Sicht ist beim Untersuchungsthema noch einiger Handlungsbedarf zu erkennen. Auf Basis der vorliegenden Befunde kann – ohne endgültige Sicherheit – konstatiert werden, dass bei Familien die Haushaltskonstellation eine Hauptbedingung für ein auseichendes Einkommen darstellt. Die Vereinbarkeit von Familie und Beruf ist damit jedoch kaum gegeben. Ein männlicher Partner im Haushalt scheint der entscheidende Faktor für die Armutsüberwindung (oder -vermeidung) einer Familie zu sein.

Zwar wächst die öffentliche Betreuungsinfrastruktur in den letzten Jahren beträchtlich, hat aber noch kein ausreichendes Niveau erreicht, das den Alleinerziehenden neue Möglichkeiten schafft. Bei der Betreuungsinfrastruktur kommt es nicht nur auf die angebotene Platzzahl an. Ebenso ist entscheidend, um welche Art von Angebot es sich handelt – ganz- oder halbtags. Es konnte zum Beispiel für das Arbeitsangebot von Müttern gezeigt werden, dass nicht die Betreuungsquote, die in einem Landkreis oder in einer Stadt gegeben ist, entscheidend ist, sondern der Anteil der Ganztagsplätze (Spieß/Büchel 2003). Über den Umfang der angebotenen Betreuung hinaus ist auch allgemein Flexibilität bei den Öffnungszeiten und Ferienbetreuung von Nöten. Weiter ist entscheidend, wer welches Angebot nutzt bzw. nutzen kann, d. h. wie selektiv die Inspruchnahme von Betreuungsleistungen (z. B. Büchel/Spieß 2002) ist und inwieweit arme oder armutsnahe Haushalte Berücksichtigung finden. Im SGB II ist zwar verankert, dass hilfebedürftigen, erwerbsfähigen Erziehenden von den kommunalen Trägern vorrangig ein Platz in der Tagesbetreuung angeboten werden soll (§ 10 SGB II). Allerdings ist noch nicht klar, wie diese Bestimmung in der Praxis umgesetzt wird bzw. umgesetzt werden kann. Darüber hinaus haben Alleinerziehende im Vergleich zur Sozialhilfe ihre relativen Vorteile eingebüßt, denn damals galt die Prämisse einer vorrangigen Platzvergabe an bedürftige Alleinerziehende (vgl. § 18 BSHG).

Literatur

Achatz, Juliane (2007): Lebensumstände und Arbeitsmarktperspektiven von Frauen im Rechtskreis SGB II. In: Hessisches Sozialministerium (Hrsg.): Bleibt Armut weiblich? Chancen für Frauen im Arbeitsmarktreform-Prozess. Dokumentation der Fachtagung am 15. November 2006 in Frankfurt. Wiesbaden: Hessisches Sozialministerium, S. 6–15.

Achatz, Juliane; Trappmann, Mark (2009): Wege aus der Grundsicherung. IAB-Kurzbericht 28/2009, Nürnberg.

Andreß, Hans-Jürgen (1999): Leben in Armut. Analysen der Verhaltensweisen armer Haushalte mit Umfragedaten, Opladen: Westdeutscher Verlag.

Andreß, Hans-Jürgen; Schulte, Katja (1998): Poverty risks and the life cycle: The individualization thesis reconsidered. In: Andreß, Hans-Jürgen (Hrsg.): Empirical Poverty Research in a Comparative Perspective, Aldershot: Ashgate, S. 331–256.

Bane, Mary Jo; Ellwood, David T. (1986): Slipping into and out of Poverty: the Dynamics of Spells. In: Journal of Human Resources 21, S. 1–23.

Beck, Ulrich (1986): Risikogesellschaft. Auf dem Weg in eine andere Moderne, Frankfurt am Main: Suhrkamp.

Beck, Ulrich; Beck-Gernsheim, Elisabeth (1990): Das ganz normale Chaos der Liebe, Frankfurt am Main: Suhrkamp.

Beck, Nikolaus; Hartmann, Josef (1999): Die Wechselwirkung zwischen Erwerbstätigkeit der Ehefrau und Ehestabilität unter der Berücksichtigung des sozialen Wandels. In: Kölner Zeitschrift für Soziologie und Sozialpsychologie 51: 655–680.

Becker, Gary S. (1965): A Theory of the Allocation of Time. In: The Economic Journal 75, S. 493–517.

Becker, Gary S. (1993): Human Capital. A Theoretical and Empirical Analysis with Special Reference to Education, Chicago u. a.: University of Chicago Press.

Becker, Gary S. (1998): A Treatise on the Family, Cambridge: Cambridge University Press.

Beck-Gernsheim, Elisabeth (2008): Vom ‚Dasein für andere' zum Anspruch auf ein Stück ‚eigenes Leben': Individualisierungsprozesse im weiblichen Lebenszusammenhang. In: Wilz, Sylvia Marlene (Hrsg.): Geschlechterdifferenzen – Geschlechterdifferenzierungen, Wiesbaden: VS Verlag für Sozialwissenschaften, S. 19–61.

Betzelt, Sigrid (2008): Hartz IV – Folgen für Ungleichheit und das Gender Regime: universelle Erwerbsbürgerschaft und Geschlechter(un)gleichheit. In: ZeS-Report 13, S. 1–8.

Blank, Rebecca M. (1989): Analyzing the Length of Welfare Spells. In: Journal of Public Economics 39, S. 245–273.

Blau, Francine; Ferber, Marianne A.; Winkler, Anne E. (2001): The Economics of Women, Men, and Work, Englewood Cliffs: Prentice Hall.

Blossfeld, Hans-Peter; Golsch, Katrin; Rohwer, Götz (2009): Event History Analysis with Stata, New York u. a.: Psychology Press.

BMAS, Bundesministerium für Arbeit und Soziales (2008): Lebenslagen in Deutschland. Der 3. Armuts- und Reichtumsbericht der Bundesregierung, Berlin.

BMFSFJ, Bundesministerium für Familie, Senioren, Frauen und Jugend (Hrsg.) (2008a): Familienmonitor 2008, Berlin.

BMFSFJ, Bundesministerium für Familie, Senioren, Frauen und Jugend (Hrsg.) (2008b): Kinderzuschlag: Gesetzliche Regelung und Möglichkeiten zur Weiterentwicklung, Berlin.

Literatur

BMFSFJ, Bundesministerium für Familie, Senioren, Frauen und Jugend (Hrsg.) (2009): Familienreport 2009, Berlin.

Bruckmeier, Kerstin; Graf, Tobias; Rudolph, Helmut (2008): Working poor: Arm oder bedürftig. IAB-Discussion Paper 34/2008, Nürnberg.

Büchel, Felix; Spieß, C. Katharina (2002): Form der Kinderbetreuung und Arbeitsmarktverhalten von Müttern in West- und Ostdeutschland, Stuttgart: Kohlhammer.

Buhr, Petra (1995): Dynamik von Armut. Dauer und biographische Bedeutung von Sozialhilfebezug, Opladen: Westdeutscher Verlag.

Buhr, Petra (2002): Ausstieg wohin? Erwerbssituation und finanzielle Lage nach dem Ende des Sozialhilfebezugs. ZeS-Arbeitspapier, Bremen.

Buhr, Petra; Lietzmann, Torsten; Voges, Wolfgang (2010): Lange Wege aus Hartz IV? Zur Dynamik von Mindestsicherung unter dem Bundessozialhilfegesetz und dem SGB II. In: ZeS-Report 15, S. 1–6.

Bundesagentur für Arbeit (2010): Statistik der Bundesagentur für Arbeit. Analyse der Grundsicherung für Arbeitsuchende, April 2010.

Cleves, Mario; Gould, William; Gutierrez, Roberto; Marchenko, Yulia (2008): An Introduction to Survival Analysis Using Stata, College Station: Stata Press.

Farwick, Andreas (2001): Segregierte Armut in der Stadt. Ursachen und soziale Folgen der räumlichen Konzentration von Sozialhilfeempfingern, Opladen: Leske und Budrich.

Gangl, Markus (1998): Sozialhilfebezug und Arbeitsmarktverhalten. In: Zeitschrift für Soziologie 27: 212–232.

Gartner, Hermann; Hinz, Thomas (2009): Löhne von Frauen und Männern: In Schieflage. In: IAB-Forum 1/2009, S. 4–9.

Gebauer, Roland (2007): Arbeit gegen Armut. Grundlagen, historische Genese und empirische Überprüfung des Armutsfallentheorems, Wiesbaden: VS Verlag für Sozialwissenschaften.

Graf, Tobias; Rudolph, Helmut (2006): Bedarfsgemeinschaften im SGB II 2005: Beachtliche Dynamik bei steigenden Empfängerzahlen. IAB-Kurzbericht 23/2006, Nürnberg.

Graf, Tobias; Rudolph, Helmut (2009): Viele Bedarfsgemeinschaften bleiben lange bedürftig. IAB-Kurzbericht 5/2009, Nürnberg.

Habich, Roland; Headey, Bruce; Krause, Peter (1991): Armut im Reichtum – Ist die Bundesrepublik Deutschland eine Zwei-Drittel-Gesellschaft? In: Ulrich Rendtel; Gert Wagner (Hrsg.): Lebenslagen im Wandel: Zur Einkommensdynamik in Deutschland seit 1984, Frankfurt am Main u. a.: Campus.

Heimer, Andreas; Knittel, Tilmann; Steidle, Hanna (2009): Dossier Vereinbarkeit von Familie und Beruf für Alleinerziehende, Basel: Prognos.

IAQ; FIA; GendA (2009): Bewertung der SGB II-Umsetzung aus gleichstellungspolitischer Sicht. Abschlussbericht, Duisburg u. a., Juni 2009.

Jaumotte, Florence (2003): Female Labour Force Participation and Main Determinants in OECD Countries. OECD Working Paper 376, Paris.

Kaltenborn, Bruno; Wielage, Nina (2009): Kinderbetreuung während Hartz-IV-Bezug. In: Blickpunkt Arbeit und Wirtschaft 3/2009.

Koch, Susanne; Kupka, Peter; Steinke, Joß (2009): Aktivierung, Erwerbstätigkeit und Teilhabe: Vier Jahre Grundsicherung für Arbeitsuchende, IAB-Bibliothek 315, Bielefeld: Bertelsmann.

Kosmann, Marianne; Neubauer, Jennifer; Schultz, Annett; Wunderlich, Holger (2003): Alleinerziehende im Sozialhilfebezug. Risiken und Chancen im Leben zwischen Familie und Erwerbstätigkeit, Bochum: ZEFIR.

Leibfried, Stephan; Leisering, Lutz; Buhr, Petra; Ludwig, Monika; Mädje, Eva; Olk, Thomas; Voges, Wolfgang; Zwick, Michael M. (1995): Zeit der Armut. Lebensläufe im Sozialstaat, Frankfurt am Main: Suhrkamp.

Leisering, Lutz (2008): Dynamik von Armut. In: Huster, Ernst-Ulrich; Boeckh, Jürgen; Mogge-Grotjahn, Hildegard (Hrsg.): Handbuch Armut und soziale Ausgrenzung, Wiesbaden: VS Verlag für Sozialwissenschaften, S. 118–132.

Lietzmann, Torsten (2009): Bedarfsgemeinschaften im SGB II: Warum Alleinerziehende es besonders schwer haben. IAB-Kurzbericht 12/2009, Nürnberg.

Misra, Joya; Moller, Stephanie; Budig, Michelle J. (2007): Work-Family Policies and Poverty for Partnered and Single Women in Europe and North America. In: Gender and Society 21, S. 804–827.

Mückenberger, Ulrich (2010): Krise des Normalarbeitsverhältnisses – ein Umbauprogramm. In: Zeitschrift für Sozialreform 56, S. 403–420.

OECD, Organisation for Economic Cooperation and Development (2001): Balancing Work and Family Life: Helping Parents into Paid Employment. In: OECD (Hrsg.): OECD Employment Outlook, Paris: OECD, S. 129–166.

Parys, Juliane; Schwerhoff, Gregor (2010): Efficient intra-household allocation of parental leave. IZA Discussion Paper No. 5113, Bonn.

Pfau-Effinger, Birgit (2001): Wandel wohlfahrtsstaatlicher Geschlechterpolitiken im soziokulturellen Kontext. In: Heintz, Bettina (Hg.): Geschlechtersoziologie, Wiesbaden: Westdeutscher Verlag, S. 487–511.

Rudolph, Helmut (2009): Leistungsbezieher in der Grundsicherung. Hilfequoten differenziert betrachtet. In: IAB-Forum 1/2009, S. 86–87.

Schels, Brigitte (2008): Junge Erwachsene und Arbeitslosengeld II: Hilfebezug in jungen Jahren verfestigt sich viel zu oft. IAB-Kurzbericht 22/2008, Nürnberg.

Sommerfeld, Katrin (2009): Older Babies – More Active Mothers? How Maternal Labor Supply Changes as the Child Grows. In: Schmollers Jahrbuch 129, S. 227–240.

Spangenberg, Ulrike (2005): Neuorientierung der Ehebesteuerung: Ehegattensplitting und Lohnsteuerverfahren. Hans Böckler Stiftung, Arbeitspapier 106, Düsseldorf.

Spieß, C. Katharina; Büchel, Felix (2003): Effekte der regionalen Kindergarteninfrastruktur auf das Arbeitsangebot von Müttern. In: Winfried Schmähl (Hrsg.): Soziale Sicherung und Arbeitsmarkt, Berlin: Duncker & Humblot, S. 95–126.

Statistisches Bundesamt (2008): Familienland Deutschland. Ergänzende Tabellen zur Pressekonferenz am 22. Juli 2008 in Berlin. Wiesbaden: Statistisches Bundesamt.

Statistisches Bundesamt (2009): Kindertagesbetreuung regional 2008. Ein Vergleich aller 429 Kreise in Deutschland, Wiesbaden: Statistisches Bundesamt.

Statistisches Bundesamt; Gesellschaft Sozialwissenschaftlicher Infrastruktureinrichtungen; Wissenschaftszentrum Berlin für Sozialforschung (Hrsg.) (2008): Datenreport 2008. Ein Sozialbericht für die Bundesrepublik Deutschland, Bonn: Bundeszentrale für politische Bildung.

Steiner, Viktor (2001): Unemployment persistence in the West German labour market: Duration dependence or sorting? In: Oxford Bulletin of Economics and Statistics 63, S. 91–113.

Van de Kaa, Dirk J. (1987): Europe's Second Demographic Transition. In: Population Bulletin 42, S. 1–59.

Voges, Wolfgang; Ostner, Ilona (1995): Wie arm sind alleinerziehende Frauen? In: Bieback, Karl-Jürgen; Milz, Helga (Hrsg): Neue Armut, Frankfurt am Main: Campus, S. 122–147.

Winterhager, Henrik (2006): Determinanten der Arbeitslosigkeitsdauer – Neue Erkenntnisse aus der IEB? ZEW Discussion Paper No. 06-077, Mannheim.

ZEW; IAQ; TNS Emnid (2007): Evaluation der Experimentierklausel nach § 6c SGB II – Vergleichende Evaluation des arbeitsmarktpolitischen Erfolgs der Modelle der Aufgabenwahrnehmung „Optierende Kommune" und „Arbeitsgemeinschaft". Untersuchungsfeld 3: Wirkungs- und Effizienzanalyse. Mannheim u. a.

3 After recent policy reforms in Germany: Probability and determinants of labour market integration of lone mothers and mothers with a partner who receive welfare benefits[21]

Abstract

In the first decade of the 21st century there have been reforms in German family and social policy, aimed at improving reconciliation of work and family and linking receipt of welfare benefits more strongly on activation and labour market participation. Mothers receiving welfare benefits are subject to both new policies. In this paper it is investigated how these mothers succeed in entering the labour market and what its determinants are. Probabilities to take up employment are estimated from administrative data for lone mothers and mothers living with a partner. Care responsibilities in the household and mothers' labour market resources influence the process of labour market integration. Lone mothers are more likely to take up work when they don't have young children in the household than mothers living with a partner. For both groups of mothers employment is predominantly not full-time.

3.1 Introduction

In the last decade, there have been policy reforms in Europe that tend to promote the adult worker model, which assumes that every adult is supposed to participate in the labour market to a full extent (Daly 2011). In Germany in particular, which for a long time has focused on the breadwinner model, family and reconciliation policies have been reconsidered (Lewis et al. 2008). These aim at improving the possibilities of mothers to combine motherhood and employment. New policies take into account that social structure and family formation have changed since the mid-20th century. Particularly the growing number of lone parent families is a result of individualisation of biographies and was among the reasons for new policy orientations (Daly 2011).

During the same period there has been a reorientation of German social policy as well. With the introduction of unemployment benefit II in 2005, receipt of welfare benefits has been more strongly linked to activation and labour market participation (Eichhorst, Grienberger-Zingerle and Konle-Seidl 2010).

---

21 Dieses Kapitel ist in dieser Form in der Zeitschrift *Social Politics* erschienen: Lietzmann, Torsten (2014): After recent policy reforms in Germany: Probability and determinants of labour market integration of lone mothers and mothers with a partner who receive welfare benefits. In: Social Politics 21, S. 585–616.

Poverty and welfare benefit receipt is closely related with family structure. Lone mothers and families with more children are more likely to receive basic income support. In the new system of basic income support – the unemployment benefit I (UB II) – the main focus is on individuals' efforts to gain employment. This article explores how mothers receiving these benefits succeed in re-entering the labour market. We assume that mothers receiving UB II are the group that is subject to both new developments in family policy and social policy. The analysis will therefore focus on the question which mothers who receive UB II are able to enter the labour market. To what extent are there employment entries and what are their determinants? Special focus is laid on the distinction between lone mothers and mothers living with a partner, since necessity to work and household resources as well as constraints are expected to differ between these two groups.

The article is organised as follows: First, German family and social policies are described and explained how new legislation is oriented toward the concept of the "adult worker model" and which aspects still point in a different direction. This gives an overview of the political and institutional framework under which mothers under study can act (3.2). Next, it is described to what extent families are affected by poverty and have to rely on UB II. From a poverty research perspective, mothers' employment is a possible route to end benefit receipt. Applying an individual action concept we identify theory-based factors that represent resources or constraints for labour market behaviour which may hinder or promote the take up of employment by mothers. Further, it is elaborated how lone mothers and mothers living with a partner can be expected to differ (3.3). Data and methods are described in section 3.4. Administrative data on UB II periods and employment biographies are used to estimate hazard rate models for transitions into employment. Descriptive results on the incidence of employment integration are presented in section 3.5. In section 3.6 estimation results are shown for determinants of labour market integration and differences between lone mothers and mothers living with a partner. These results are discussed in the light of the adult worker model, the particular German institutional setting and policy framework (3.7), before some conclusions are drawn (3.8).

3.2 Policy Reforms in Germany: towards an adult worker model?

In Germany as well as across Europe a shift in family policy from the support of a breadwinner model of the family to an adult worker model can be observed (Daly 2011). In the adult worker model both men and women are treated as individuals with an individual capability (and obligation) to be active in the labour market. Policies that apply this principle aim at improving possibilities to reconcile work and family. This paper investigates how mothers fare under this new policy environment in Germany regarding their labour market integration when they are in a financially constrained situation.

International research has pointed out that on the one hand there never has been a pure male breadwinner model since women always engaged in the labour market to a certain degree (Lewis 2001: 153). On the other hand labour market behaviour at the end of the 20th century was still characterised as a "one-and-a-half-earner"-family in contrast to an adult-worker-model (Lewis 2001: 145). A successful realisation of an "adult worker model" depends "on the way in which such a model is implemented" (Lewis 2001: 154). Policy reforms are not unequivocally in one direction and the gender and family underpinnings are complex and often contradictory (Daly 2011: 2). Therefore, in the remainder of this section the current family and social policies in Germany are described, providing an understanding of the political and institutional environment that frames labour market behaviour of the mothers under study.

3.2.1 German gender arrangement and trends in German Family Policy

Germany has been characterised as a conservative welfare state (Esping-Andersen 1990), with a strong accentuation on familialisation (Esping-Andersen 1999), where child care is delegated to private households. Women are assigned the majority of care work and are therefore restricted in their labour market participation (Henninger, Wimbauer and Dombrowski 2008). This has resulted in a gender arrangement that can be termed as a "modernised male breadwinner model" (Pfau-Effinger 2001). In Germany female labour market participation is slightly above average when compared to other OECD countries (at 71 %). Rising female participation rates were mostly due to part-time employment, ranking the German part-time rate at the top of OECD countries (OECD 2013; Konietzka and Kreyenfeld 2010). There are differences between the eastern and western parts of Germany but with a converging trend since reunification in 1990 towards the modernised breadwinner model – in the east from a dual earner and in the west from a breadwinner model (Rosenfeld, Trappe and Gornick 2004).

Some recent reforms in family policy aim at a redistribution of care work within society, away from an arrangement where mothers are the sole care workers. In particular the *child-day-care expansion act (Tagesbetreuungsausbaugesetz)* in 2005 was intended to improve investments in public child day care. In Western Germany public child care was traditionally restricted to half-day care for pre-school children aged three years or older, whereas in the former GDR child care infrastructure was very well developed. With this act public day care for under-three-year-olds should be improved, guaranteeing one third of them a place by 2013. In 2009 20 % of children under 3 years of age used public day care, 10 % were in full-time public day care. Germany still ranks below the OECD average, which was 30 % in 2008 (OECD 2013). The figures vary between Eastern and Western Germany: whereas 46 % of small children are in public child care in Eastern Germany, this is only the case for 14 % in the western part of the country.[22] The figures for full-time care are 32 % and 5 %, respectively (Statistisches Bundesamt 2010).

For pre-school children aged 3 years or older kindergarten coverage is very high in both parts of the country (approximately 92 %), but only 30 % of places cover at least 7 hours a day (Statistisches Bundesamt 2010). Availability of external child care is a prerequisite for maternal employment. To achieve an "adult worker model", state activity should focus on "expanding services for education and care of young children" (Daly 2011: 4). These improvements, although not yet completely realised, should affect the possibilities of labour market integration of mothers. It is an empirical question to what extent children in the household restrict employment of mothers receiving UB II.

Although not directly affecting the mothers under study, the 2007 reform of parental leave and parental benefit is an additional indicator of a new policy orientation. In addition to changes in the nature of the benefit from a partly means-tested flat-rate to an unconditional income replacement transfer payment at approximately two thirds of previous labour income or at least 300 € per month, the reform aims at encouraging mothers to return to work quicker after childbirth. The period for parental benefit was shortened from 24 to 12–14 months (Henninger, Wimbauer and Dombrowski 2008).

Both of these reforms are in line with the understanding within German family policy, that promoting female/maternal employment is a means for family policy, because it is suitable to stabilise family income and prevent poverty after family dissolution (BMFSFJ 2009).

On the other hand, there are still policy orientations and incentives for a breadwinner and secondary earner model. Joint taxation of spouses is most profitable if there is only one income in the family or a second income is only part-time (Dingeldey 2001). Minor employment (so called "*Mini-Jobs*") is a special case of employment in Germany which is not fully liable to social insurances. Only the employer pays discounted contributions to pension and health insurance, whereas the employee does not pay any social insurance contributions or taxes, but monthly earnings are limited to 400 Euro per month. This type of employment

---

22 Even though these figures have improved considerably since 2009, with 28 % of children under three years of age using public child care (west: 22 %; east: 49 %) in 2012, demand for public child care still exceeds supply (BMFSFJ 2013).

is particularly attractive for students, pensioners and housewives. Therefore this kind of employment in combination with the joint taxation helps to maintain the secondary earner role of married women (Bäcker and Neuffer 2012).

3.2.2 Social Policy: Reform of basic income support in 2005

German social policy "has a long-standing reputation as a passive welfare state with elaborate schemes of status-protecting income replacement through social insurance" (Eichhorst, Grienberger-Zingerle and Konle-Seidl 2010: 66). Due to high unemployment rates, declining state income from taxes and social insurance contributions, the German welfare state had been under fiscal pressure in the late nineties and early 2000s and therefore took steps to modify social protection of the unemployed (Scheele 2010; Clasen 2005). In 2005 a new means-tested system of social benefits, called *unemployment benefit II (UB II; Arbeitslosengeld II)*, was introduced which combined the former *unemployment assistance (Arbeitslosenhilfe)* and *social assistance (Sozialhilfe)* and became the most widely used support system.

It is designed to guarantee a minimum standard of living for persons fit for work and members of their household, which are either unemployed or do not earn a sufficient amount to support their household financially. One new feature of this system is its orientation on activation and labour market integration, applying previously neglected "workfare" principles (Eichhorst, Grienberger-Zingerle and Konle-Seidl 2010). Recipients can be sanctioned by cutting their welfare payments when they are not willing to participate in activation measures (Wolff and Moczall 2012) and are required to accept job offers even if they are low paid or not adequate to the recipients' qualifications. In turn they have access to measures of active labour market policy.

From a gender perspective, two key aspects of this new system are noteworthy. First, gender equality is named as a core principle of activation policy. Every person fit for work, both male and female, is in general obligated to participate in the labour market or measures of active labour market policy to terminate or at least reduce the household's receipt of UB II. Second, since the basic unit for benefit receipt is the household, its composition is taken into account concerning the means-test, the amount of cash received and activation. Care responsibilities within the family are recognized when obligations for work, job search or participation in programmes are concerned. Recipients are not supposed to be fully available for activation measures and labour market integration if they live in a household where an elderly member has to be cared for or in families with children, when child care is not secured in some other way, especially when there is a child under three years of age. Even though care responsibilities can principally be delegated to either partner in the family, it has been found that child care responsibilities, especially in Western Germany, are mostly assigned to mothers in these families (IAQ, FIA and GendA 2009). In sum, there is an ambivalent relationship between the activation paradigm and household responsibilities for mothers.

This paper investigates how mothers receiving UB II are in fact integrated into the labour market and how the process of entering the labour market works. This is considered to be a result of interaction between the employment agencies and the mothers with their respective labour market resources, motivation and household responsibilities as well as with public child care infrastructure and labour market conditions.

Germany is an interesting case for the study of labour market participation of mothers, because until the early 2000s it was a typical example of a conservative welfare state with a pronounced "modernised breadwinner" gender arrangement, although there are differences between the eastern and western part. Since then there have been substantial shifts in work-family reconciliation policies (Lewis et al. 2008) which are accompanied by changes in social and labour market policies. These trends should be enabling mothers to participate in the labour market and be able to reduce economic dependence of women on their partners which in Germany has been comparatively high (Sörensen 1994).

3.3 Benefit receipt, poverty and labour market participation in a family and gender context

3.3.1 Welfare benefit receipt and labour market participation of families

Children, lone parent households and large families are among the groups with the highest risk of relative income poverty in Germany (Grabka and Frick 2010). Households with children are more likely to receive UB II as well. 7% of all two-parent families and 40% of lone-parent families receive UB II. These figures are much higher than for childless households with an equal amount of adults (childless couples: 4%; one-person households: 13%; Bundesagentur für Arbeit 2012). Lone-parent households, in 95% of cases headed by a lone mother, stay on UB II longer than all other types of households, too (Graf and Rudolph 2009; Lietzmann 2009).

These higher numbers of families receiving UB II is not always due to unemployment in these households. About one third of all persons fit for work living in two-parent or lone-parent families that receive UB II, are employed at the same time (Bundesagentur für Arbeit 2012). There is in-work poverty among

UB II recipients, especially for single mothers and fathers in two-parent-families (IAQ, FIA and GendA 2009), where income from employment is supplemented by UB II, for example because wages are low, working time is well below full-time or the income from employment is not sufficient to provide financial support for all household members.

So far, empirical evidence on employment of UB II recipients shows that in couple households mothers are to a lesser extent employed after leaving the benefit system than fathers (IAQ, FIA and GendA 2009; Achatz and Trappmann 2009, 2011). Lone mothers are more likely to be in employment after ending benefit receipt than mothers in couple families.

Since the main aim of the unemployment benefit II system is to promote labour market integration among recipients, this paper will consider transitions into employment of benefit recipients, who are not employed when entering the benefit system. It has been shown that benefit receipt is not a stable state over time (i.e. Bane and Ellwood 1986) so that benefit receipt should be analysed in a longitudinal perspective. Employment while receiving benefits is not stable as well. There is a considerable amount of "working poor"-episodes ending during a period of benefit receipt (Bruckmeier, Graf and Rudolph 2010). Therefore the presented analysis investigates the duration until a first transition into the labour market is realised while subjects are receiving UB II. We focus on mothers, because for them there is a pronounced ambivalence in the support system between the activation paradigm and their family responsibilities. By estimating their chances to enter the labour market, one can gain an understanding how the main goal of labour market policy under UB II regulations is implemented.

3.3.2 Theoretical framework and hypotheses

Additional employment in the family is one way to leave poverty (Andreß 1999).[23] In this paper mothers' chances to enter the labour market as one possible route to improve the household's financial situation are analysed. We apply a model of individual purposive action (i.e. Coleman 1990) where possible actions are chosen taking own resources, motivation and constraints stemming from household composition or institutional settings into account. It will be explained which factors determine the probability to realise labour market integration for mothers in low income households. Under this framework of individual purposive action we subsume different theories for separate aspects of the process under study

---

23 At this point it has to be mentioned that there are non-economic reasons for employment, like self-fulfillment or participation in social life, too.

and their particular constraints and resources, i.e. human capital and labour supply theory. We consider care responsibilities and the individuals' chances on the labour market to be the main aspects of this process of labour market integration of mothers, each interacting with the institutional framework both on the labour market (labour demand for women and mothers) and family policy (public child care provision). The German gender arrangement with its structural, institutional, political and cultural aspects shapes the framework of individual action. It resembles resources and constraints for the individual actors.

The aforementioned resources, constraints and motivations are expected to differ between lone mothers and mothers living with a partner. In lone parent households the parent is in most cases the only household member that can participate in the labour market and generate labour income (except when there are older children living in the household, too). Even though there might be some lone mothers that deliberately rely on state support to be able to care for their children (Mädje and Neusüß 1996), lone mothers in general try to provide a sufficient standard of living for their children through own employment (BMFSFJ 2011). Lone mothers in Germany are found to tend to increase their labour market participation during an episode of lone motherhood (Hancioglu and Hartmann 2012). In these cases lone mothers can be assumed to see the necessity of being active in the labour market themselves and/or see employment as an essential part of their lives. Indeed it was shown that lone mothers demonstrate high employment participation with a higher rate for taking up full-time employment than married mothers (Drobnic 2000). In fact a higher labour market attachment might be a cause and a consequence of partnership dissolution (Beck and Hartmann 1999). For mothers receiving UB II it has been observed that lone mothers indeed show a higher motivation to be employed than mothers living with a partner (Beste and Lietzmann 2012).

Lone mothers are the only potential person in the household that could provide child care and should therefore face greater constraints for employment by care responsibilities. For partnered mothers it should be more easily feasible to organise housework and child care, as there is an additional adult (their partner) in the household, who might at least partly help with child care and household chores. Furthermore, couple families have two adults who can potentially be earners of household income, which might render employment of the mother less necessary than among lone mothers.

But in contrast to lone mothers, mothers living with a partner might be subject to a gender specific household division of labour and activation strategies by the employment agencies. Economics of the family postulates a specialisation within couples concerning market and domestic work (Becker 1998). Given the gender wage gap in the German labour market (Hinz and Gartner 2005), it should be mothers, who concentrate more on child care than their partners.

As a result of these considerations, it is an open empirical question if labour market integration of lone mothers is higher or lower than for mothers living with a partner. Previous work has shown that lone and partnered mothers might differ in household and personal characteristics as well. For example, lone mothers are living with fewer children than mothers in couple families (Lietzmann 2011).

In this paper, as a starting point, **hypothesis 1** assumes that transitions into employment for mothers receiving UB II are more probable for lone mothers.

There are two main aspects that should apply to both groups of mothers: The possibility to increase labour supply within the family may be restricted by care responsibilities as long as external child care is not available. As mentioned above (section 2), in Germany public child care facilities are insufficiently available for children under three years of age, especially in the western part of the country. In addition to a low coverage of public child care for children under three years of age, day care facilities for under 6 year olds are mostly not full time and school is only half a day, too. Labour supply theory (Blau, Ferber and Winkler 2001) and the theory of allocation of time (Becker 1965) suggest that employment is less profitable from a utility maximizing point of view, when work in the household is more valuable. This is the case, when more and younger children are present. Following both of these arguments (limited availability of external child care and utility) the take up of employment by mothers receiving UB II should be dependent on age and number of children in the household. Labour market integration should be lower if there are more or younger children present (**hypothesis 2**).

Apart from time restrictions and alternative roles in the household, mothers' individual labour market resources should determine labour market integration as well. Human capital theory suggests that qualification and labour market experience enhance individuals' chances on the labour market (Becker 1993). Theory of labour market matching (Sörensen and Kalleberg 1981; Eliason 1995) and job-queue theory (Thurow 1975) also claim that favourable individual labour market resources and individual characteristics improve chances for successful job placement. In addition to these individual resources conditions on the labour market and a specific structure of demand for female labour concerning working time should influence the chances of labour market participation of mothers, too.

Hypothesis 3 expects that mothers with higher levels of qualification as well as those with more labour market experience are more likely to enter employment while receiving UB II.

3.4 Data and Methods

The empirical analysis is designed to show whether there is labour market integration of mothers that receive UB II and to identify factors that restrict or promote maternal employment. For non-employed mothers that receive UB II the hazard rates to (re-)enter the labour market are estimated with administrative data.

For the analysis two administrative data sources are combined. The "Administrative Panel SGB II" is a longitudinal dataset containing 10% of all UB II recipients. The data are collected in operative processes by the Federal Employment Agency and contain detailed information on UB II spells measuring exact begin and end dates. In addition to that the data include information about household (number of persons, number and ages of children) and individual characteristics (gender, age, nationality, qualification). We select mothers with at least one child under 15 years of age[24] in their household who first entered receipt of UB II between February 2005 and September 2008. For these mothers information on the duration of their first UB II episode is linked with their employment biography. The "Integrated Employment Biographies" (Oberschachtsiek et al. 2009) contain all times spent in employment (excluding times in self employment and as civil servants) that are transmitted to social insurance by employers. This data set comprises exact times in full-time, part-time, minor employment or training and is organised as episode data.

A survival time analysis (i.e. Cleves et al. 2010; Blossfeld, Golsch and Rohwer 2009) is conducted, estimating the hazard rate for leaving the status non-employed by entering employment while receiving benefits. An end of an UB II episode occurs when there is no UB II receipt for at least one month. Labour market integration is registered, if an employment period starts during a UB II episode or within one month after the episode has ended and lasts at least 7 days. Episodes will be right-censored if benefit receipt ends more than one month before an employment entry is observed, there are no more children under 15 years living in the household, household type changes between one or two-parent family or the observation period ends (October 2008).

To assess to what extent mothers take up employment and to distinguish what kind of employment concerning working time that employment is, a competing risks survival time analysis is conducted. To take into account that only one of possible states by working time can be achieved (full-time, part-time with 18 hours per week and more, part-time under 18 hours per week or

---

24 Regulations on UB II only assume care responsibilities for children under the age of 15.

minor employment, training), cumulative incidence functions are calculated from competing risks hazard models (Cleves et al. 2010: 382 ff.) that distinguish between lone mothers and mothers living with a partner. In order to identify determinants of the transition rate (the conditional propensity at a given point in time to move from the status "not employed" into the status "employed) "piecewise constant exponential" transition rate models are estimated that include theoretically relevant covariates, especially an indicator for lone mothers to test hypothesis 1. Lone mothers are defined as women living with at least one child under 15 years and without a partner or other persons, except for her children, who may be up to 24 years old.

To test hypothesis 2 indicators for the age of the youngest child in categories that reflect care responsibilities and availability of external care (under 3, 3 to under 6, 6 to under 9 and 10 to under 15 years) and the number of children are included.

Labour market resources, as stated in hypothesis 3, are indicated by mothers' qualification and their labour market experience (calculated from all employment periods prior to the start of UB II). Further it will be controlled for nationality, age of the mother, region of residence (east or west) and regional unemployment. All covariates except nationality and labour market experience are modelled as time-dependent covariates.

3.5 Descriptive Results

The cumulative incidence of integrations into employment by working time in figures 3.1 and 3.2 are estimated from a competing risks survival time model (Cleves et al. 2010: 382 ff.).

31% of all lone mothers receiving UB II that were not employed at the start of their UB II episode stayed without employment during the first 42 months of UB II receipt (figure 3.1)[25]. This means that 69% of these lone mothers were able to take up work. This number is considerably lower for mothers that live with a partner: 57% of these mothers entered the labour market (figure 3.2). This shows that a considerable number of mothers take up employment.

Part-time employment with weekly working hours of up to 18 hours or minor employment[26] is the most frequent type of employment taken up by lone mothers (33%). Additional 12% of lone mothers take up part-time employment with 18

---

25 Cumulative incidence for take up of employment (not differentiated by working time) is identical to the inverse survivor function estimated via Kaplan-Meier functions at 42 months and can be interpreted as the probability to have realised a transition into employment until that point in time after beginning of the UB II spell.

26 The vast majority of this group is minor employment. Part-time employment with weekly working hours of up to 18 hours and minor employment are combined since only 2% take up part-time employment with up to 18 hours a week.

or more hours. Integration into full-time employment is achieved by 20%. Only a minor share of lone mothers realises a transition into training (4%). In comparison to that, mothers who are living with a partner are less likely to realise transitions into all of these employment categories. Most often a transition into part-time employment with weekly working hours of up to 18 hours or minor employment is realised (30%), followed by full-time employment (16%) and part-time with at least 18 working hours a week (10%).

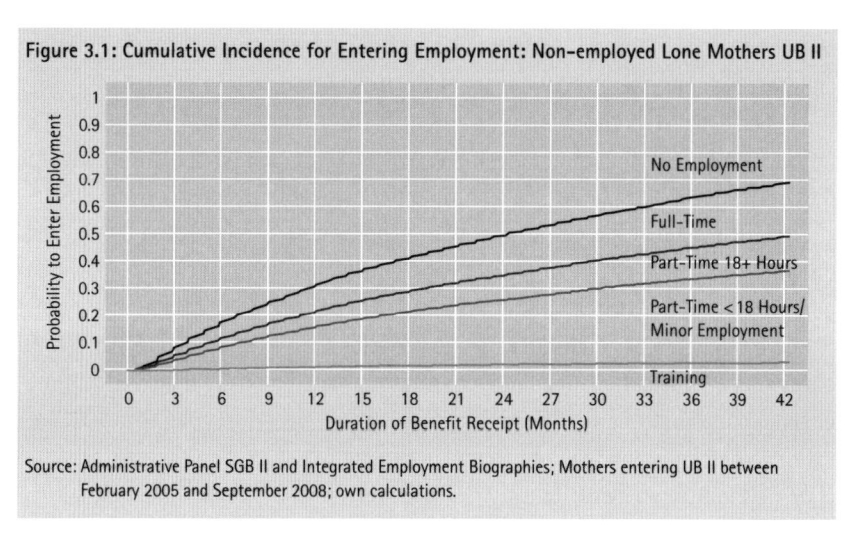

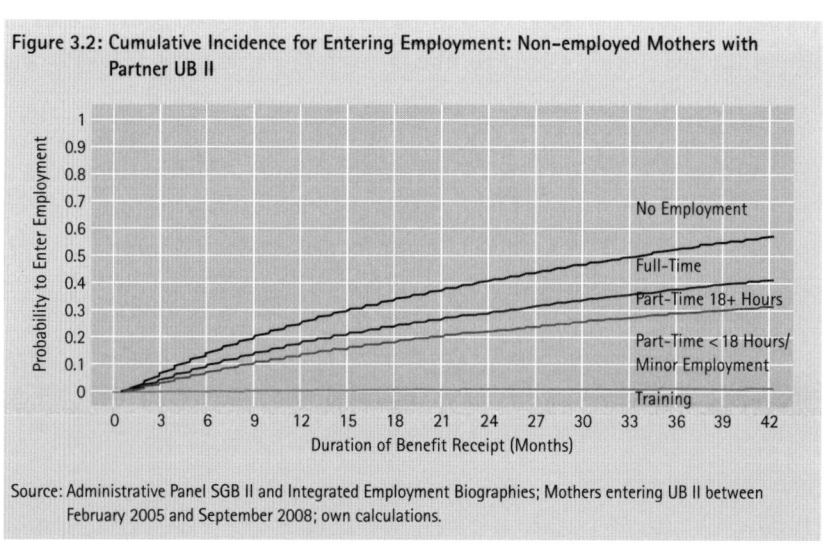

Figure 3.1: Cumulative Incidence for Entering Employment: Non-employed Lone Mothers UB II

Source: Administrative Panel SGB II and Integrated Employment Biographies; Mothers entering UB II between February 2005 and September 2008; own calculations.

Figure 3.2: Cumulative Incidence for Entering Employment: Non-employed Mothers with Partner UB II

Source: Administrative Panel SGB II and Integrated Employment Biographies; Mothers entering UB II between February 2005 and September 2008; own calculations.

These descriptive results indicate that for most of the mothers under study a model of only partial labour market integration prevails, whereas for the male partners of mothers in couple families under study a different pattern can be observed. Overall labour market integration of non-employed male partners living in households with children that receive UB II is only slightly higher than for lone mothers (70%; see figure 3.3). In contrast to the results for mothers above, the majority of male partners take up full-time employment (42%).

Figure 3.3: Cumulative Incidence for Entering Employment: Non-employed Partner UB II

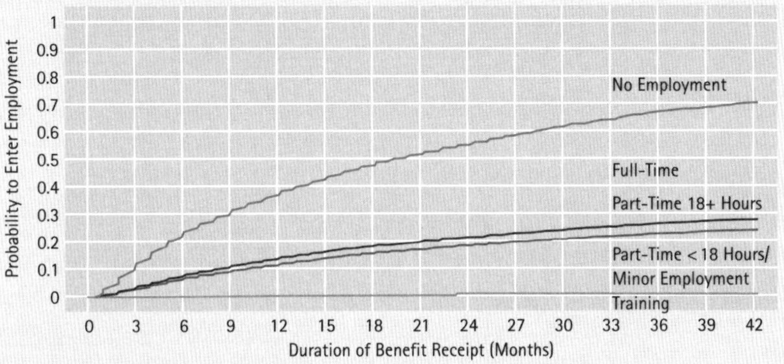

Source: Administrative Panel SGB II and Integrated Employment Biographies; Mothers entering UB II between February 2005 and September 2008; own calculations.

Hypothesis 1 suggested that labour market integration among lone mothers is more frequent than for mothers living with a partner. It seems to be acceptable on grounds of this descriptive evidence. This finding has to be proofed in a multivariate analysis, since mothers with a partner and lone mothers might have different characteristics concerning children and labour market resources.

In table 3.1 the distributions of the considered covariates are presented for both groups of mothers: Mothers living with a partner tend to have younger and more children than lone mothers. The latter, on the other hand, are slightly better qualified and accumulated more labour market experience until the beginning of the UB II spell. In addition to that, mothers living in couple families more often have a non-German nationality. All these differences seem to favour lone mothers and their chances for labour market integration.

Table 3.1: Characteristics of Non-employed Mothers Receiving UB II

	Lone Mothers	Mothers with Partner
Age of youngest child (share in %):		
0–2 years	42.5	51.6
3–5 years	22.5	20.8
6–9 years	18.7	14.9
10–14 years	16.2	12.7
No. of children under 14 years (share in %):		
0–1	69.8	56.8
2	23.1	30.1
3	5.3	9.6
4 or more	1.8	3.5
No. of children 15–18 years (share in %):		
0	87.2	84.5
1	10.9	12.2
2	1.8	3.0
3 or more	0.1	0.4
No. of other persons (share in %):		
0	98.2	97.3
1	1.6	2.2
2	0.2	0.5
3 or more	0.0	0.1
Qualification level (share in %):		
Higher education	1.6	1.3
Vocational qualification	22.4	15.6
None	25.0	21.6
Unknown	51.0	61.6
Labour market experience (mean in years)	4.6	3.6
Age (share in %):		
Under 25 years	20.9	18.7
25–34 years	44.2	49.3
35–44 years	29.5	26.9
45 years or older	5.4	5.1
Nationality (share in %):		
German	81.9	68.7
Non-German	18.1	31.3
N	21721	24147

Note: Mothers entering UB II between February 2005 and September 2008. Information refers to the beginning of the UB II spell.
Source: Administrative Panel SGB II, own calculations.

3.6 Multivariate results

To test if lone mothers really are more likely to enter employment and which determinants promote or restrict labour market integration of mothers, a multivariate transition rate model is estimated that controls for different distributions of child care responsibilities and labour market resources among the two groups of mothers (table 3.2). Thereby one can infer the extent to which these covariates promote or reduce the transition rate for entering employment. Hazard Ratios below one indicate lower transition rates; ratios above 1 indicate higher transition rates. In addition, different effects for the two groups of mothers are allowed by integrating interaction effects between family type (lone mother) and the covariates considered (table 3.3).

Model 1 in table 3.2 is a simple piecewise constant exponential model with family status (lone parent or couple family) included as the only covariate. The highly significant hazard ratio for lone mothers of 1.299 indicates that the transition rate of lone mothers to take up employment is approximately 30 % higher than for mothers living with a partner. This reflects the descriptive results shown above (figures 3.1 and 3.2).

In model 2 additional control variables are included that reflect heterogeneity between mothers in this sample. Mothers under 25 years of age and those without a German citizenship have lower transition rates for taking up employment. The higher the regional unemployment rate, the lower the chances to take up employment. After controlling for regional unemployment, which is higher in the eastern part of Germany, West German mothers' transition rate is far lower than for mothers living in the eastern part of Germany. This is an indication that better external child care infrastructure enables mothers to enter the labour market. In addition to that it is a GDR legacy (as is the better child care infrastructure) that for East German women employment is a more central part of their biographical trajectory (Wenzel 2010; Rosenfeld, Trappe and Gornick 2004). While controlling for these variables, there remains a significant positive effect for lone mothers which is smaller now.

In model 3 household composition and care responsibilities are taken into account. The age of the youngest child living in the mother's household is one indicator for child care responsibilities that have to be accounted for within the household. The attention one has to devote to one's children is higher the younger the child is. In Germany provision of institutional child care varies between different age groups. Especially for children under three years of age there is a shortage of places. Hence, one would expect lower transition rates into employment for mothers with younger children, since restrictions on time that could be assigned to employment are more severe.

The results prove this pattern: Compared with mothers whose youngest child is between ten and under fifteen years old, mothers with a youngest child under the age of three have a 45.8 % lower transition rate. Mothers with a youngest child between three and five or six and nine years of age have chances to enter employment that are 15.1 % and 14.3 % lower than those with a youngest child in the oldest age bracket, respectively.

Child care responsibilities within the household influence the mothers' ability to take up work via the number of children in the household that are younger than 14 years of age, too. The more children of this age group are present, the lower the chances of mothers to enter employment are. Transition rates into employment are reduced by 26.1 to 70.6 % if there are two or more children in that age bracket in the household.

The presence of children between 15 and below 18 years of age, as well as of other persons (mainly children 18 to 25 years of age) does affect this process, too, even though child care responsibilities for these children should be quite low. Following these results hypothesis 2 can be confirmed. The effect for lone mothers becomes insignificant, when controlling for the age and number of children in the household. This was to some extent expected, because child care responsibilities for mothers in couple families are higher (see table 3.1).

Mothers' individual labour market resources, as hypothesised by human capital theory, contribute in the expected way when included in model 4 which does not control for household composition. Compared to mothers without a qualification, mothers who finished higher education enter employment at a 44.5 % higher rate. Mothers with a vocational qualification are also significantly more likely to take up work (+16.9 %). In addition to that, the linear term of labour market experience suggests that each extra year of labour market experience increases chances to facilitate a transition by 22.5 %. This positive effect of labour market experience decreases with the amount of labour force experience accumulated, since the squared term is significantly below 1.[27] This confirms hypothesis 3. In table 3.1 it was shown that lone mothers have on average one additional year of labour market experience when compared to mothers living with a partner. After controlling for labour market resources the effect for lone mothers remains significant and positive, but its magnitude decreased when compared to models 1 and 2.

---

27 When calculating the effect of labour market experience taking the positive linear and the negative quadratic term into account, the result shows that the effect turns from positive to negative at 25.5 years of labour market experience.

Table 3.2: Determinants of Transitions into Employment for Non-employed Mothers Receiving UB II – Hazard Ratios

	Model 1	Model 2	Model 3	Model 4	Model 5
Family Type (Ref.: mother with partner):					
Lone Mother	1.299***	1.181***	1.015	1.084***	0.950**
Age of youngest child (Ref.: 10–14 years):					
0–2 years			0.542***		0.455***
3–5 years			0.849***		0.834***
6–9 years			0.857***		0.856***
No. of children under 14 years (Ref.: 1):					
2			0.739***		0.810***
3			0.516***		0.645***
4 or more			0.294***		0.414***
No. of children 15–18 years			0.894***		1.008
No. of other persons			0.812***		0.931
Qualification (Ref.: none):					
Higher education				1.445***	1.502***
Vocational qualification				1.169***	1.144***
Unknown				0.983	1.089***
Experience				1.225***	1.233***
Experience squared				0.992***	0.992**
Age (Ref.: under 25 years):					
25–34 years		1.434***	1.390***	0.973	0.860***
35–44 years		1.600***	1.357***	0.941	0.656***
45 years or older		1.398***	0.961	0.840***	0.459***
Nationality (Ref.: foreign):					
German		1.782***	1.723***	1.204***	1.188***
Regional unemployment rate		0.967***	0.963***	0.972***	0.969***
Region (Ref.: East Germany incl. Berlin):					
West Germany		0.743***	0.752***	0.753***	0.752***
Constant	0.0006776	0.0005535	0.0011237	0.0005319	0.0011002
Subjects	45833	45362	45362	45362	45362
Spells	549650	542589	542589	542589	542589
Events	14820	14634	14634	14634	14634
Log Likelihood	−39795.59	−38604.55	−37752.78	−37279.75	−36422.97

Note: Mothers entering UB II between February 2005 and September 2008. Piecewise constant exponential transition rate models.
*** $p < 0.005$, ** $p < 0.01$, * $p < 0.05$
Source: Administrative Panel SGB II and Integrated Employment Biographies; own calculations.

In model 5 all covariates are integrated simultaneously. The effects of the age of the youngest child, labour market resources, region and regional unemployment do not change. The effects for the number of children aged at least 15 years seem to be slightly smaller. The effect of nationality becomes considerably smaller, once qualification is controlled for. This reflects that German mothers are better qualified (IAQ et al. 2009) and/or have more labour market experience. An interesting finding is that the effect for the age of the mother changes once labour market resources are considered. The lower chances of young mothers in model 2 are essentially due to lacking labour market experience which is now controlled for. The negative effects for older mothers might now reflect health status or gender role attitudes that are more oriented towards family in older cohorts.

In model 5 lone mothers have a significant lower transition rate to enter employment than mothers living with a partner. The positive effect for lone mothers found in model 1 and which is also observed in the descriptive results stems from the more favourable distribution of child care responsibilities and, to a lesser extent, labour market resources among lone mothers. Lone mothers live – on average – with fewer and younger children and have slightly higher formal qualifications and labour market experience (see table 3.1). Once these different characteristics are controlled for hazard rates of lone mothers are lower than those of mothers living with a partner.

Different effects for lone mothers?

For transitions out of UB II receipt for mothers it has been shown that effects of care responsibilities in the household and recipients' labour market resources vary in size between lone mothers and mothers living with a partner while receiving UB II (Lietzmann 2011). The age of the youngest child in the household has a larger restricting effect for lone mothers, whereas completed higher education has a larger positive effect for lone mothers. To take this into account, model 6 in table 3.3 estimates determinants of labour market entry separately for both groups of mothers under study. In model 7 interaction effects of determinants and family type are estimated to assess the significance of differences in effect sizes for both groups.

One major difference between both groups is observed for the age of the youngest child in model 6. In all three age categories effects for lone mothers are larger and more negative. For mothers living with a partner chances to take up work are not significantly smaller when the youngest child is between 3 and 9 years old, compared to a youngest child between 10 and 14 years of age. This shows that chances for lone mothers to combine employment and child care are much more restricted when their youngest child is under ten years of age.

Table 3.3: Determinants of Transitions into Employment for Non-employed Lone Mothers and Mothers Living with a Partner Receiving UB II – Hazard Ratios

	Model 6		Model 7	
	Lone Mothers	Mothers with Partner	Main Effect	Interaction Effect Lone Mothers
Family Type (Reference: mother with partner):				
Lone Mother			1.564**	
Age of youngest child (Reference: 10-14 years):				
0-2 years	0.414***	0.512***	0.510***	0.814**
3-5 years	0.788***	0.917	0.916	0.863*
6-9 years	0.820***	0.934	0.935	0.878*
No. of children under 14 years (Reference: 1):				
2	0.843***	0.774***	0.771***	1.093*
3	0.699***	0.609***	0.607***	1.151
4 or more	0.556***	0.346***	0.345***	1.611**
No. of children 15-18 years	1.026	1.004	1.004	1.022
No. of other persons	0.963	0.930	0.926	1.043
Qualification (Reference: none):				
Higher education	1.538***	1.452***	1.456***	1.056
Vocational qualification	1.163***	1.139***	1.140***	1.020
Unknown	1.145***	1.051	1.057	1.077
Experience	1.210***	1.255***	1.256***	0.963***
Experience squared	0.993***	0.991***	0.991***	1.002**
Age (Reference: under 25 years):				
25-34 years	0.803***	0.927	0.924	0.872*
35-44 years	0.620***	0.697***	0.694***	0.898
45 years or older	0.461***	0.451***	0.448***	1.034
Nationality (Reference: foreign):				
German	1.009	1.316***	1.318***	0.766***
Regional unemployment rate	0.968***	0.972***	0.971***	0.996
Region (Reference: East Germany incl. Berlin):				
West Germany	0.786***	0.729***	0.727***	1.083
Constant	0.0013352	0.0008692	0.0008606	
Subjects	21451	23911	45362	
Spells	252143	290443	542586	
Events	7944	6690	14634	
Log Likelihood	-18829.08	-17516.54	-36355.96	

Note: Mothers entering UB II between February 2005 and September 2008. Piecewise constant exponential transition rate models.
*** $p < 0.005$, ** $p < 0.01$, * $p < 0.05$
Source: Administrative Panel SGB II and Integrated Employment Biographies; own calculations.

Effects that are pointing in a different direction are obtained regarding the number of children living in the household. For lone mothers the negative effects of 2 and 4 or more children under the age of 14 are slightly but significantly smaller than for mothers living with a partner (model 7). Especially the effect for 4 or more children should not be interpreted to a great extent since especially for lone mothers there are only about 2 % of them living in a household of that kind and can therefore be a highly selective group. On the other hand lone mothers with two children under 14 years and with a youngest child of 10 years or older (which is the reference group) might be more inclined to take up work, because organising childcare in this age bracket in not that big a problem and they feel more responsible to improve their household's financial situation than mothers living with a partner who can rely on their partner to a certain extent.

Concerning labour market resources, individual labour market experience has a slightly bigger positive effect for mothers living with a partner than for lone mothers. Since average labour market experience is lower in the group with a partner in the household, the ones with more experience might be a special group that shows more attachment to the labour market.

A second major difference between the two groups under study is found regarding the mothers' nationality. Non-German lone mothers do not differ from German ones, whereas among mothers with a partner, Germans have a much higher transition rate into employment. This might be the case, because foreign mothers in couple families hold more traditional views on gender roles (IAQ et al. 2009: 79) and there might be a more traditional gender division of labour in these families than among German couples. On the other hand, non-German lone mothers might enter the labour market due to necessity or their less traditional attitudes towards gender roles influence the process of becoming a lone mother. They might be a selective group because there are fewer foreign lone mothers than mothers with a partner (see table 3.1).

After controlling for these specific effects in the two groups of mothers, lone mothers are significantly more likely to take up employment (model 7 in table 3.3). Their hazard rate is 56 % higher than the one for mothers living with a partner. In all the model specifications the coefficient for lone mothers reflects those who apart from family status have characteristics of the different reference categories of the covariates included. These are mothers with one child under 14 years, with a youngest child between 10 and below 15 years of age, without qualification or labour market experience. For this group one can assume that child care responsibilities are rather low which results in a substantially higher transition rate into employment among lone mothers. Another indicator for this is the higher constant term for lone mothers compared to that of partnered mothers in model 6. The higher transition rate for lone mothers among those with older children might be caused by their higher motivation and/or the higher necessity for employment to improve the household's financial situation.

Differences for employment by working time
In a last step of the analysis we differentiate between different types of employment that are taken up regarding working time. The descriptive results showed that most mothers move into part-time employment with less than 18 hours a week or minor employment. According to the results obtained so far, care responsibilities measured by age and number of children in the household influence the transition into employment for mothers in a significant negative way. These effects might differ between different working times in the new employment. In order to realise a transition into full-time employment child care has to be organised for more hours during an average work day. Since in Germany only a minority of children has access to public child care facilities with opening hours that are full-day and school days that are only half-day, one can assume that care responsibilities have a larger effect on transitions into employment with longer working hours.

The chances to enter full-time employment is especially important when trying to assess the degree to which an adult worker model is present in Germany and which factors determine the success of mothers to realise such an employment transition. In addition to that, minor employment is supposed to be quite attractive for secondary earners in Germany, since taxes and social insurance contributions are lower than for employment that is liable to social insurance (Bäcker and Neuffer 2012). Minor employment can have negative consequences in the future since one does not gain any entitlements for unemployment insurance and contributions to pension insurance are optional and may have negative consequences for the amount of pension payments when retired. In addition to that work-related benefits, such as paid holiday, paid sickness leave and access to in-firm training are less likely than for regular employees (RWI 2012).

There are three important differences between the determinants for a transition into full-time employment, compared with minor employment (table 3.4):

First of all, the number of children is more important for transitions into full-time employment. The age of the youngest child in the household shows similar effects for both types of employment transitions. The effects of more children in the household are much more negative and significant for transitions into full-time employment. On the other hand, when considering individual efforts for the youngest child, care responsibilities for younger children restrict employment transitions in a similar way. For full-time employment, the combination of care arrangements for more than one different child seems much more difficult or less attractive since time spent on work in the home is more valuable when there are more children.

Table 3.4: Determinants of Transitions into Employment for Non-employed Lone Mothers and Mothers Living with a Partner Receiving UB II by Working Time – Hazard Ratios

	Lone mothers		Mothers with partner	
	Full-time Employment	Part-Time <18 Hours / Minor Employment	Full-time Employment	Part-Time <18 Hours / Minor Employment
Age of youngest child (Ref.: 10–14 years):				
0–2 years	0.421***	0.364***	0.580***	0.432***
3–5 years	0.672***	0.835***	0.845***	0.877*
6–9 years	0.751***	0.842***	0.837***	0.953
No. of children under 14 years (Ref.: under 2):				
2	0.675***	0.951	0.631***	0.891**
3	0.508***	0.909	0.393***	0.776***
4 or more	0.429***	0.716*	0.211***	0.475***
No. of children 15–18 years	0.902	1.085*	0.999	1.006
No. of other persons	0.977	0.990	0.719*	1.005
Qualification (Ref.: none):				
Tertiary education	2.634***	0.910	2.218***	0.874
Vocational qualification	1.498***	1.086*	1.219**	1.129**
Unknown	1.357***	1.068	1.126	1.014
Experience	1.301***	1.174***	1.351***	1.206***
Experience squared	0.991***	0.994***	0.989***	0.992***
Age (Ref.: under 25 years):				
25–34 years	0.997	0.959	1.285**	0.853**
35–44 years	0.792*	0.728***	0.953	0.649***
45 years or older	0.590***	0.591***	0.457***	0.473***
Nationality (Ref.: foreign):				
German	0.986	0.906	1.297***	1.207***
Regional unemployment rate	0.962***	0.969***	0.976***	0.966***
Region (Ref.: East Germany incl. Berlin):				
West Germany	0.553***	1.071	0.480***	1.087
Constant	0.0003804	0.0004784	0.0001957	0.0004326
Subjects	21451	21451	23911	23911
Spells	252204	252204	290527	290527
Events	2324	3788	1891	3440
Log Likelihood	-8193.3585	-11601.208	-7063.2864	-11273.965

Note: Mothers entering UB II between February 2005 and September 2008. Piecewise constant exponential transition rate models.
*** p<0.005, ** p<0.01, * p<0.05
Source: Administrative Panel SGB II and Integrated Employment Biographies; own calculations.

Second of all, mothers' labour market resources are more important for transitions into full-time employment. A degree in higher education only promotes transitions into full-time employment, whereas transitions into minor employment are equally likely for mothers with higher education and without any qualification. For lone mothers a vocational qualification promotes a transition into full-time employment to a larger extent than into minor employment. For both groups of mothers a vocational qualification promotes transitions into both types of employment. For both groups of mothers labour market experience is also slightly more important for full-time employment.

The lower relevance of labour market resources for transitions into minor employment can be the case, because these jobs and full-time employment are of a different nature. In Germany, minor employment is to a large degree situated in sectors that demand rather unskilled labour and have in general a lower wage level, like gastronomy, personal and cleaning services and sales.

Third of all, differences between Eastern and Western Germany only exist for transitions into full-time employment. This can be the case, because public child care facilities in the eastern part are to a larger extent organised as all-day care. In addition, East German women not only show higher labour market attachment but also a higher orientation towards full-time employment, since this was the role assigned to women in the former GDR.

3.7 Discussion

The empirical results show that there is a considerable share of mothers receiving UB II that take up employment. So the aim of UB II to integrate recipients into the labour market to reduce or end their need for these benefits is achieved for mothers, particularly for lone mothers. However the most common employment arrangements of the mothers under study are not full-time. Therefore the goal of reducing rather than ending UB II receipt might dominate. The finding that mothers are moving most frequently into minor employment is not that surprising, since the vast majority of minor employment in Germany is conducted by women, with that kind of employment being particularly attractive to married women (Bäcker and Neuffer 2012). But even for that kind of employment, which is far from an example for an "adult worker model", the basic theoretical considerations hold. Labour market experience and a vocational qualification promote transitions into this type of employment. Highly qualified mothers, on the other hand, are more likely to enter into full-time employment. There seems to be a segmented labour market, which offers only minor or part-time employment to women and mothers that are un- or medium skilled. Labour demand in typically female occupations is often only for minor employment.

Higher care responsibilities within the household prevent mothers from a transition into employment, regardless of what kind (except number of children for transitions into minor employment for lone mothers). This result points to deficits in the availability of external child care in Germany. To take child care infrastructure into deeper consideration, a model for transitions into employment is estimated that takes regional availability of public child care into account (see table 3.5): data on the child day care provision rates are published by the Federal Statistical Office on a regional basis (Statistisches Bundesamt 2010). We include these provision rates as percentage points of children in a public care facility into the Administrative Panel by linking it to the county of respondents' residence.[28] We differentiate between children under three years of age (given the youngest children in the household is in that age bracket) and between 3 and under 6 years as well as between places in general and full-day care places (at least 7 hours per day). Table 3.5 shows the estimates for these provision rates from a transition rate model which is specified in the same way as model 5 in table 3.2 and includes the same covariates. Results provide evidence that child care infrastructure can indeed promote mothers' transitions into employment in Germany.

In the first panel of table 3.5 it is shown, that increasing the provision of care facilities for children under three years of age by one percentage point increases mothers' transition rate into employment by 1.5 %. Since public care facilities for pre-schoolers 3 years or older are almost unanimously available, this covariate does not have an effect on the transition rate. Indicators for full-time care do not have an effect on the transition rate. At least in part this is due to a high multicollinearity between the two provision rates (provision in general and full-time provision). In panel 2 and 3 we differentiate between the western and eastern part of the country, having in mind that public child care coverage is traditionally higher in the eastern part.[29] Results show that the effect of under-three-year-old provision of child care that was found for the whole country completely goes back to the eastern part. In Western Germany there is no relationship between child care infrastructure and mothers' employment transitions.

This is a surprising result at first. But if one turns to columns two and three of table 3.5, one can see that in Western Germany mean provision of childcare is far below the East German values. With these results in mind, one can speculate that either the general level of child care provision and its variance between regions

---

28 We claim that regional provision rates are adequate indicators since reasons for non-take-up of public child care other than availability play only a minor role in Germany, because there is excess demand for public child care (BMFSFJ 2013; Wrohlich 2005).

29 The other covariates have similar effects in both parts of the country.

within Western Germany is too low to enable the observer to detect effects of child care provision on maternal employment entries. Or, and that is suggested by the coefficients for Western Germany in tables 3.2 and 3.3, West German mothers hold more family-oriented gender role attitudes and towards public child care and might be less responsive to child care infrastructure, as was argued by Pfau-Effinger and Smidt (2011), too. Indeed parents in West Germany (16%) and those with a migration background (20%) more often hold the view that child care in the own home is better for small children than the average of parents in Germany (14%, East Germany 5%; IfD 2013).

Table 3.5: Share of Children in Institutional Care and its Impact on Probability to Take up Employment

	Hazard Ratio	Mean	Std. Dev.
Germany			
Under three years	1.015***	23.3	14.9
Three to six years	1.000	91.1	5.0
Under three years and >7 hours a day	0.999	12.4	10.8
Three to six years and >7 hours a day	1.000	36.2	21.4
Western Germany			
Under three years	1.000	13.0	5.0
Three to six years	1.008	89.4	5.0
Under three years and >7 hours a day	0.998	5.0	3.7
Three to six years and >7 hours a day	1.001	24.0	14.1
Eastern Germany			
Under three years	1.015**	42.2	6.0
Three to six years	1.006	94.4	3.0
Under three years and >7 hours a day	1.008	25.9	5.1
Three to six years and >7 hours a day	1.005*	58.7	12.7

Note: Mothers entering UB II between February 2005 and September 2008. Piecewise constant exponential transition rate models. Statistisches Bundesamt 2010.
*** $p<0.005$, ** $p<0.01$, * $p<0.05$
Source: Administrative Panel SGB II and Integrated Employment Biographies; own calculations.

3.8 Conclusion

The question to be answered in this paper was how mothers that receive UB II might profit from new policies concerning public child care and activation. To what extent can the mothers under study enter the labour market and are there groups among them that have higher or lower chances?

The majority of mothers receiving UB II are able to take up employment within 42 months. Lone mothers in particular are taking up employment to a similar degree as fathers in couple families. However this labour market integration is to a lesser extent, if working times are considered. Mothers predominantly realise transitions into employment that is below full-time. This might be an indication for a segmented labour market where labour demand for un- and medium qualified mothers is mainly in a part-time or minor fashion. Mothers with a higher qualification are more likely to take up full-time employment.

On the other hand, working times below full-time might be chosen because child care responsibilities do not allow for more than part-time employment. Whether that is because of limited public child care or mothers' preferences, cannot be determined within the framework of this study. Cross-sectional results for mothers that receive UB II show that those who are in minor employment often wish to extend their working hours and are more likely to search for a new job than non-employed mothers (Achatz et al. 2013). Therefore in many cases minor employment is not voluntary.

The family model for the couple families under study here is a one and a half earner model, which in Germany in general is most common. The German "gender arrangement" of a "modernised breadwinner model" (Pfau-Effinger 2001) also applies in this group of UB II recipients. So Lewis (2001: 145) seems to have a point, when arguing that the idea of the adult worker model has outrun social reality. On the one hand, there are clear signs in recent social and family policy reforms that point in the direction of an "adult worker model", particularly for families that receive welfare benefits. But there are aspects of the German gender arrangement that still prevail and might overrule recent reforms: Public day care facilities are still below demand. There is a gender-specific structure of the German labour market that offers different working time arrangement to women than to men, especially minor employment. In addition to that cultural role expectations towards mothers might still be in favour of at least part-time responsibility for child care.

The "adult worker model" seems to apply more to lone mothers than to mothers living with a partner, at least from a descriptive perspective. They do realise labour market participation rates that are remarkably similar to those of fathers in couple households with children. And that is in spite of their sole responsibility for employment, child care and household organisation. Apart from these descriptive findings, two results of the multivariate analysis are noteworthy: in part these better chances for employment integration are due to more favourable characteristics, especially that lone mothers live with fewer and older children in their household. But when there are children under the age of ten in a lone mothers' household their chances for employment are influenced more negatively. For lone mothers with older children labour market integration is much more likely compared with mothers living with a partner.

This German case study has some implications for international research on gender and the welfare state. New policy orientations in Germany that aimed at enabling (or enforcing) mothers that receive welfare benefits to participate in the labour market have to be seen in context and in relation to other aspects of the German gender arrangement and might have different consequences for different groups of mothers. Results indicate that lone mothers who are the sole potential earners in their family might profit more from these new policy orientations since they are more likely to take up employment. Mothers living in a couple household are less likely to take up work than the male partners in those households and lone mothers. This might be due to gender asymmetric divisions of labour within these couples and gender specific activation policies or them holding gender role attitudes that are less oriented to paid (full-time) employment. This highlights the interaction of new policies with the cultural background (Pfau-Effinger 2010) which might be changing at a slower pace at the individual or household level. The fact that labour market integration is more likely in the eastern part and that only East German mothers are responsive to regional child care provision is another indicator for this. The existence of minor employment and the incentives for married mothers that result from this employment type in conjunction with joint taxation might have helped to establish a gender specific labour demand that counteracts policy orientations towards an adult worker model. So one can conclude that it is important to have all policy areas in similar directions which is not the case all the time (Daly 2011). For reforming conservative welfare states with high familialisation it might take some time since cultural underpinnings might be slower to change.

References

Achatz, Juliane; Hirseland; Andreas, Lietzmann, Torsten; Zabel, Cordula (2013): Alleinerziehende Mütter im Bereich des SGB II. Eine Synopse empirischer Befunde aus der IAB Forschung. IAB-Forschungsbericht 8/2013.

Achatz, Juliane, and Mark Trappmann (2009): Befragung von Arbeitslosengeld-II-Beziehern: Wege aus der Grundsicherung. IAB-Kurzbericht 28/2009, Nürnberg.

Achatz, Juliane; Trappmann, Mark (2011): Arbeitsmarktvermittelte Abgänge aus der Grundsicherung. Der Einfluss von personen- und haushaltsgebundenen Barrieren. IAB-Discussion Paper 02/2011.

Andreß, Hans-Jürgen (1999): Leben in Armut. Analyse und Verhaltensweisen armer Haushalte mit Umfragedaten, Opladen: Westdeutscher Verlag.

Bäcker, Gerhard; Neuffer, Stefanie (2012): Von der Sonderregelung zur Beschäftigungsnorm: Minijobs im deutschen Sozialstaat. In: WSI-Mitteilungen 1/2012, S. 13–21.

Bane, Mary Jo; Ellwood, David T. (1986): Slipping into and out of Poverty: the Dynamics of Spells. In: Journal of Human Resources 21, S. 1–23.

Beck, Nikolaus; Hartmann, Josef (1999): Die Wechselwirkung zwischen Erwerbstätigkeit der Ehefrau und Ehestabilität unter der Berücksichtigung des sozialen Wandels. In: Kölner Zeitschrift für Soziologie und Sozialpsychologie 51, S. 655–680.

Becker, Gary S. (1965): A Theory of the Allocation of Time. In: The Economic Journal 75, S. 493–517.

Becker, Gary S. (1993): Human Capital. A Theoretical and Empirical Analysis with Special Reference to Education, Chicago: University of Chicago Press.

Becker, Gary S. (1998): A Treatise on the Family, Cambridge: Cambridge University Press.

Beste, Jonas; Lietzmann, Torsten (2012): Grundsicherung und Arbeitsmotivation. Single-Mutter sucht passenden Job. In: IAB-Forum 1/2012, S. 46–51.

Blau, Francine; Ferber, Marianne A.; Winkler, Anne E. (2001): The Economics of Women, Men, and Work, Englewood Cliffs: Prentice Hall.

Blossfeld, Hans-Peter; Golsch, Katrin; Rohwer, Götz (2009): Event History Analysis with Stata, New York: Psychology Press.

BMFSFJ [Bundesministerium für Familie, Senioren, Frauen und Jugend] (2013): Vierter Zwischenbericht zur Evaluation des Kinderförderungsgesetzes, Berlin.

BMFSFJ. [Bundesministerium für Familie, Senioren, Frauen und Jugend] (2011): Lebenswelten und -wirklichkeiten von Alleinerziehenden, Berlin.

BMFSFJ. [Bundesministerium für Familie, Senioren, Frauen und Jugend] (2009): FamilienReport 2009, Berlin.

Bruckmeier, Kerstin; Graf, Tobias; Rudolph, Helmut (2010): Working Poor: Arm oder bedürftig? Umfang und Dauer von Erwerbstätigkeit bei Leistungsbezug in der SGB-II-Grundsicherung. In: Wirtschafts- und Sozialstatistisches Archiv. AStA. 4, S. 201–222.

Bundesagentur für Arbeit (2012): Analyse der Grundsicherung für Arbeitsuchende. April 2012, Nürnberg.

Clasen, Jochen (2005): Reforming European Welfare States. Germany and the United Kingdom Compared, Oxford: Oxford University Press.

Cleves, Mario; Gould, William; Gutierrez, Roberto; Marchenko, Yulia (2010): An Introduction to Survival Analysis Using Stata, College Station: Stata Press.

Coleman, James S. (1990): Foundations of social theory, Cambridge: Harvard University Press.

Daly, Mary (2011): What Adult Worker Model? A Critical Look at Recent Social Policy Reform in Europe from a Gender and Family Perspective. In: Social Politics 18, S. 1–23.

Dingeldey, Irene (2001): European Tax Systems and their Impact on Family Employment Patterns. In: Journal of Social Policy 30, S. 653–672.

Drobnic, Sonja (2000): The effects of children on married and lone mothers' employment in the United States and (West) Germany. In: European Sociological Review 16, S. 137–157.

Eliason, Scott R. (1995): An Extension of the Sørensen-Kalleberg Theory of the Labor Market Matching and Attainment Processes. In: American Sociological Review 60, S. 247–271.

Eichhorst, Werner; Grienberger-Zingerle, Maria; Konle-Seidl, Regina (2010): Activating Labor Market and Social Policies in Germany: From Status Protection to Basic Income Support. In: German Policy Studies 6, S. 65–106.

Esping-Andersen, Gösta (1990): The Three Worlds of Welfare Capitalism. Cambridge, Polity Press.

Esping-Andersen, Gösta (1999): Social Foundations of Postindustrial Economies, Oxford: Oxford University Press.

Grabka, Markus M.; Frick, Joachim R. (2010): Weiterhin hohes Armutsrisiko in Deutschland: Kinder und junge Erwachsene sind besonders betroffen. In: DIW-Wochenbericht 7/2010, S. 2–11.

Graf, Tobias; Rudolph, Helmut (2009): Viele Bedarfsgemeinschaften bleiben lange bedürftig. IAB-Kurzbericht 5/2009, Nürnberg.

Hancioglu, Mine; Hartmann, Bastian (2012): What Makes Single Mothers Expand or Reduce Employment? SOEPpapers 446.

Henninger, Annette; Wimbauer, Christine; Dombrowski, Rosine (2008): Demography as a Push toward Gender Equality? Current Reforms of German Family Policy. In: Social Politics 15, S. 287–314.

Hinz, Thomas; Gartner, Hermann (2005): Geschlechtsspezifische Lohnunterschiede in Branchen, Berufen und Betrieben. In: Zeitschrift für Soziologie 34, S. 22–39.

IAQ; FIA; GendA (2009): Bewertung der SGB II-Umsetzung aus gleichstellungspolitischer Sicht. Abschlussbericht, Duisburg et al.

IAQ; ZfT; Team Kaltenborn; ZEW; Universität Magdeburg; TNS Emnid (2009): Wirkungen des SGB II auf Personen mit Migrationshintergrund, Duisburg.

IfD [Institut für Demoskopie Allensbach] (2013): Akzeptanzanalyse II. Nutzung und Bewertung staatlicher Leistungen für die Betreuung und Förderung von Kindern sowie für die Altersvorsoge von Familien, Allensbach.

Konietzka, Dirk; Kreyenfeld, Michaela (2010): The growing educational divide in mothers' employment: an investigation based on the German micro-censuses 1976–2004. In: Work, Employment and Society 24, S. 260–278.

Lewis, Jane (2001): The Decline of the Male Breadwinner Model: Implications for Work and Care. In: Social Politics 8, S. 153–169.

Lewis, Jane; Knijn, Trudie; Martin, Claude; Ostner, Ilona (2008): Patterns of Development in Work/family Reconciliation Policies for Parents in France, Germany, the Netherlands, and the UK in the 2000s. In: Social Politics 15, S. 261–286.

Lietzmann, Torsten (2011): Bedürftigkeit von Müttern. Dauer des Leistungsbezuges im SGB II und Ausstiegschancen. In: Zeitschrift für Sozialreform 57, S. 339–364.

Lietzmann, Torsten (2009): Bedarfsgemeinschaften im SGB II: Warum Alleinerziehende es besonders schwer haben. IAB-Kurzbericht 12/2009, Nürnberg.

Mädje, Eva; Neusüß, Claudia (1996): Frauen im Sozialstaat. Zur Lebenssituation alleinerziehender Sozialhilfeempfängerinnen, Frankfurt a. M./New York: Campus.

Oberschachtsiek, Dirk; Scioch, Patrycja; Seysen, Christian; Heining, Jörg (2009): Integrated employment biographies sample IEBS. Handbook for the IEBS in the 2008 version. FDZ-Datenreport 03/2009, Nürnberg.

OECD (2013): OECD Familiy Database. www.oecd.org/els/soc/oecdfamilydatabase. htm. Retrieved on 30.06.2013.

Pfau-Effinger, Birgit (2001): Wandel wohlfahrtsstaatlicher Geschlechterpolitiken im soziokulturellen Kontext. In: Kölner Zeitschrift für Soziologie und Sozialpsychologie, 41, S. 487–511.

Pfau-Effinger, Birgit (2010): Women's Employment in the Institutional and Cultural Context. In: International Journal of Sociology and Social Policy 32, S. 530–543.

Pfau-Effinger, Birgit; Smidt, Maike (2011): Differences in Women's Employment Patterns and Family Policies: Eastern and Western Germany. In: Community, Work & Family 14, S. 217–232.

Rosenfeld, Rachel A.; Trappe, Heike; Gornick, Janet C. (2004): Gender and Work in Germany: Before and After Reunification. In: Annual Review of Sociology 30: 103–124.

RWI [Rheinisch-Westfälisches Institut für Wirtschaftsforschung] (2012): Studie zur Analyse geringfügiger Beschäftigungsverhältnisse, Essen.

Scheele, Alexandra (2010): Eigenverantwortung als Leitprinzip: Das SGB II im Kontext wohlfahrtstaatlicher Reformen. In: Jaehrling, Karen, and Clarissa Rudolph (Hrsg): Grundsicherung und Geschlecht. Gleichstellungspolitische Befunde zu den Wirkungen von Hartz IV, Münster: Westfälisches Dampfboot, S. 24–38.

Sörensen, Aage B.; Kalleberg, Arne L. (1981): An Outline of a Theory of the Matching of Persons to Jobs. In: Berg, Ivar (Hrsg.): Sociological Perspectives on Labor Markets, New York: Academic, S. 49–74.

Sörensen, Annemette (1994): Women's Economic Risk and the Economic Position of Single Mothers. In: European Sociological Review 10, S. 173–188.

Statistisches Bundesamt (2010): Kindertagesbetreuung regional 2009. Ein Vergleich aller 413 Kreise in Deutschland, Wiesbaden.

Thurow, Lester C. (1975): Generating Inequality. Mechanisms of Distribution in the U.S. Economy, New York: Basic Books.

Wenzel, Stefanie (2010): Konvergenz oder Divergenz? Einstellungen zur Erwerbstätigkeit von Müttern in Ost- und Westdeutschland". Gender 2: 59–76.

Wolff, Joachim; Moczall, Andreas (2012): Übergänge von ALG-II-Beziehern in die erste Sanktion: Frauen werden nur selten sanktioniert. IAB-Forschungsbericht 11/2012.

Wrohlich, Katharina (2005): The Excess Demand for Subsidized Child Care in Germany. DIW-Discussion Paper 470.

4 Individuelles Arbeitsmarktverhalten und Überwindung der Bedürftigkeit von Müttern im SGB II: Analyse eines zweistufigen Prozesses

Zusammenfassung

Der folgende Beitrag untersucht, inwieweit eine individuelle Arbeitsmarktintegration von Müttern zur Beendigung des SGB-II-Leistungsbezugs beiträgt. Welche Folgen haben geschlechtsspezifische Aspekte der Arbeitsteilung im Haushalt und bei der Kinderbetreuung, der Arbeitsmarktpolitik und der Arbeitsmarktstruktur für einen eigenständigen Beitrag von Frauen zur Verbesserung der finanziellen Situation der Familie? Untersucht wird die Wahrscheinlichkeit einer Aufnahme von Erwerbstätigkeit von Müttern mit SGB-II-Bezug und die Wahrscheinlichkeit, damit den Grundsicherungsbezug zu beenden sowie die Determinanten dieses zweistufigen Prozesses der erwerbsbedingten Überwindung des Leistungsbezugs. Während der Kinderbetreuungsaufwand, gemessen am Alter des jüngsten Kindes, nur die Arbeitsaufnahmen beeinflusst, spielt darüber hinausgehend die Haushaltsgröße nur eine Rolle für die Wahrscheinlichkeit, den Leistungsbezug zu beenden. Die individuellen Arbeitsmarktressourcen der Mütter begünstigen den Arbeitsmarktzugang, die erreichte Position ist entscheidend für die Bedürftigkeitsüberwindung.

4.1 Einleitung

In Deutschland sind Kinder, Alleinerziehenden-Haushalte und kinderreiche Familien Bevölkerungsgruppen, die relative hohe Armutsrisiken aufweisen (Grabka et al. 2012). Diese Gruppen sind auch besonders häufig Bezieher von Leistungen der Grundsicherung für Arbeitsuchende nach SGB II. Insofern scheint das Vorhandensein von Kindern und/oder Probleme bei der Vereinbarkeit von Familie und Beruf ein Risiko für die finanzielle Situation von Familien darzustellen. Für Familien im SGB-II-Bereich soll dieser Aspekt im Folgenden näher beleuchtet werden.

Insgesamt ist das zentrale Ziel des SGB II, erwerbsfähige Leistungsbezieher/innen in den Arbeitsmarkt zu integrieren und damit den Bezug von Grundsicherungsleistungen ihrer Haushalte zu beenden bzw. zu reduzieren. Mütter mit Betreuungsaufgaben sind hier aus geschlechts-, sozial- und arbeitsmarktpolitischer Perspektive eine besonders relevante Gruppe. Die geschlechtspolitische Ausrichtung des SGB II ist als ambivalent zu bewerten (IAQ et al. 2009). Neben einer grundsätzlich geschlechtsneutralen Ausrichtung des SGB II, die die Aktivierbarkeit aller erwerbsfähigen Haushaltsmitglieder fordert, sollen bei Arbeitsmarktintegration und Aktivierung

Betreuungsaufgaben im Haushalt berücksichtigt werden, um beispielsweise die Kindererziehung zu gewährleisten.

Nach Andreß (1999) ist die Erschließung einer zusätzlichen Erwerbstätigkeit im Haushalt eine Möglichkeit, durch zusätzliches Erwerbseinkommen, die finanzielle Situation von armutsnahen Haushalten zu verbessern. Bei Alleinerziehenden-Haushalten ist die Mutter die einzige mögliche Person, die Erwerbseinkommen erwirtschaften kann. In Paarhaushalten kann eine Erwerbstätigkeit der Mutter einen wichtigen Beitrag leisten, wenn der Partner erwerbslos ist oder ein nicht ausreichendes Einkommen erzielt.

Auf Grund dieser Überlegungen ist die erste Frage, die in diesem Artikel beantwortet werden soll diejenige, inwieweit eine individuelle Arbeitsmarktintegration von Müttern zur Beendigung des SGB-II-Leistungsbezugs beiträgt. Hier wird unterschieden zwischen der Wahrscheinlichkeit einer Aufnahme von Erwerbstätigkeit von Müttern mit SGB-II-Bezug auf der einen Seite und der Wahrscheinlichkeit, damit den Grundsicherungsbezug zu beenden, auf der anderen Seite.

Als zweites soll untersucht werden, welche Faktoren diese beiden Wahrscheinlichkeiten beeinflussen. Welche Rolle spielen die Betreuungsaufgaben im Haushalt und welche die persönlichen – theoretisch arbeitsmarktrelevanten – Eigenschaften der Mütter, wie insbesondere deren Humankapital und andere, die Arbeitsmarktchancen begünstigenden Faktoren. Bei der Haushaltskonstellation werden zwei Aspekte unterschieden: zum einen die Betreuungsaufgaben, die eine Arbeitsmarktpartizipation zeitlich einschränken können und zum anderen die Haushaltsgröße, die über die Betreuungsaufgaben hinaus auch einen eigenständigen Einfluss auf die Höhe des Bedarfs des Haushalts haben sollte. Auf Seiten der Arbeitsmarktchancen wird versucht zu differenzieren zwischen Merkmalen, die die Wahrscheinlichkeit einen Job zu bekommen und denjenigen, die die Lohnhöhe und damit die Chancen der Bedarfsdeckung beeinflussen. Letzteres ist auch theoretischer Natur: Ist das Humankapital (Becker 1993; Mincer 1974) eher entscheidend dafür, einen Lohn zu erreichen, der den Bedarf des Haushalts sichert, oder beeinflusst das Humankapital eher die Wahrscheinlichkeit einer Stellenfindung, wobei die Verdienstchancen dann nachgelagert an der angenommenen Stelle hängen, so wie dies die Theorie des „Labour Market Matching" (Sörensen/Kalleberg 1981) und der „Labour queue" (Thurow 1975) voraussagen.

Es sollen also zwei Stufen des Prozesses der arbeitsmarktinduzierten Bedürftigkeitsüberwindung betrachtet werden: Wahrscheinlichkeit einer Arbeitsaufnahme und die Wahrscheinlichkeit, damit die Bedürftigkeit im Sinne des SGB II zu beenden. Mit Hilfe von Prozessdaten der Bundesagentur für Arbeit zum Bezug von SGB-II-Leistungen in Kombination mit den Meldungen zur Sozialversicherung bei Erwerbstätigkeitsphasen wird der Prozess auf der ersten Stufe sowohl als Ereignismodell als auch als dichotomes Wahrscheinlichkeitsmodell und die zweite Stufe als dichotomes Wahrscheinlichkeitsmodell mit Selektionskontrolle analysiert.

Im anschließenden Abschnitt werden die theoretischen Hintergründe für den zu untersuchenden Prozess dargestellt. Ausgehend von einer individuellen, aber sozial eingebetteten, Handlungstheorie werden die zu untersuchenden Determinanten der beiden Stufen des betrachteten Prozesses erarbeitet (4.2). Im Anschluss daran werden die genutzten Daten und Methoden vorgestellt (4.3). Nach Darstellung der Inzidenz von Arbeitsaufnahmen der Mütter im SGB-II-Bezug und dem Anteil an bedarfsdeckender Erwerbsarbeit (4.4) werden multivariate Modelle geschätzt, die identifizieren, inwieweit persönliche, arbeitsmarktrelevante Merkmale der Mütter und der Haushaltskontext bzw. Möglichkeiten der Vereinbarkeit von Familie und Beruf, diesen Prozess gestalten (4.5). Vor diesem Hintergrund wird diskutiert, inwieweit es Müttern im System der Grundsicherung möglich ist, eine Erwerbstätigkeit aufzunehmen und damit auch ein Erwerbseinkommen zu erzielen, das dazu führt, den Leistungsbezug nach SGB II zu verlassen. Welche Faktoren können identifiziert werden, die diese Möglichkeiten einschränken, und wirken diese auf den beiden Stufen des Prozesses unterschiedlich (4.6)? Möglicherweise existieren auf beiden Stufen unterschiedliche Hürden, denen deshalb auch mit unterschiedlichen Maßnahmen entgegengewirkt werden müsste. Hier sind die eingeschränkte Vereinbarkeit von Kinderbetreuung und Müttererwerbstätigkeit und die geschlechtsspezifische Struktur des Arbeitsmarktes zu nennen. Eine Zusammenfassung erfolgt in Abschnitt 4.7.

4.2 Theoretischer Rahmen und Hypothesen

In diesem Artikel gehen wir von einem individuellen Handlungsmodell im Sinne eines erweiterten Rational-Choice-Ansatzes (z. B. Diekmann/Voss 2004; Wittek et al. 2013) aus. Die untersuchten Individuen treffen demnach Handlungsentscheidungen nach Nutzengesichtspunkten. Diese Entscheidungen finden vor dem Hintergrund von individuellen Ressourcen und Handlungsrestriktionen statt. Gerade im Fall von Müttern in eingeschränkten finanziellen Verhältnissen sollten Restriktionen des Handelns besonders im Haushaltskontext und den damit verbundenen Kinderbetreuungsaufgaben sowie dem weiteren gesellschaftlichen Umfeld, wie der Struktur des Arbeitsmarktes für Frauen und der öffentlichen Kinderbetreuungsinfrastruktur zu sehen sein. Diese Ressourcen und Restriktionen können auf die beiden Stufen des hier betrachteten Prozesses – Arbeitsaufnahme und Überwindung des Leistungsbezugs – unterschiedlich wirken.

Die Untersuchungsgruppe sind Mütter, die Leistungen der Grundsicherung für Arbeitsuchende beziehen. Aus einer sozial-, familien- und armutspolitischen Sicht ist dies eine höchst interessante Gruppe. Denn an dieser kann sich der geschlechterpolitisch ambivalente Charakter des SGB II zeigen (IAQ et al. 2009).

Mütter in Haushalten, die armutsgefährdet sind oder Leistungen einer gesetzlichen Mindestsicherung beziehen, sind zum einen eine mögliche Quelle von zusätzlichem erwerbsbezogenem Einkommen, das den Haushalt aus der Armutsgefährdung oder dem Bezug von Transferleistungen durch eine Aufnahme einer Erwerbstätigkeit herauslösen könnte (als ein Coping-Mechanismus). In Alleinerziehenden-Haushalten ist die Mutter in der Regel die einzige Person die potenziell am Arbeitsmarkt aktiv sein kann. In Paarfamilien kann die Erwerbstätigkeit der Mutter notwendig sein, um den Leistungsbezug zu beenden, wenn der männliche Partner nur einen niedrigen Lohn erzielt oder erwerbslos ist. Außerdem ermöglicht eine Erwerbstätigkeit der Mutter eine für sie eigene Einkommensquelle, die in Zukunft, bei einer eventuellen Trennung vor einem erneuten Absinken der materiellen Lage schützen kann (Andreß et al. 2006).

Zum anderen sind Mütter spezifischen Risiken ausgesetzt, die eine Beschäftigungsaufnahme behindern können. Dies gilt insbesondere für Kinderbetreuungsaufgaben im Haushalt, zumindest solange eine geschlechterasymmetrische Vorstellung der Aufteilung von Erwerbs- und Familienarbeit besteht – und zwar auf Paar-, arbeitsmarktpolitischer und auch gesellschaftlich-kultureller Ebene. Genauso sehen sich Frauen einer teilweise geschlechterspezifischen Arbeitsnachfrage gegenüber, wobei geringfügige Beschäftigung besonders häufig in Frauenberufen z. B. im Dienstleistungsbereich auftritt (RWI 2012).

Zunächst sollen hier zwei Theoriestränge vorgestellt werden, die den Arbeitsmarkterfolg von Individuen erklären können: die Theorie der Labour Queue und des Labour-Market-Matching auf der einen Seite und die Humankapitaltheorie auf der anderen Seite. Deren jeweilige Eignung für die Erklärung des zu betrachtenden Prozesses soll im empirischen Teil geprüft werden. Danach gehen wir explizit auf die Restriktionen ein, die für die hier betrachtete Gruppe von Müttern und deren Arbeitsmarktverhalten relevant sein sollten.

Die Labour-Queue-Theorie (Thurow 1975) und die Theorie des Labour-Market-Matching (Sörensen/Kalleberg 1981) sehen den Arbeitsmarkt als einen Ort, an dem Personen und Jobangebote zusammenkommen und die Personen auf die verschiedenen Jobs zugewiesen werden. Bei diesem Matching-Prozess spielen individuelle Ressourcen eine Rolle, da sie die Chancen auf „gute" Jobs erhöhen sollten. Es existiert sowohl eine Verteilung der Personen nach deren Eignung und potenziellen Produktivität als auch eine der Jobangebote nach deren Qualität (z. B. Verdienstchancen), da in diesem Modell die Entlohnung an der Stelle bzw. den Aufgaben festgemacht wird und nicht am Individuum.

Die einzelnen Individuen haben unterschiedliche Chancen, für eine zu besetzende Stelle ausgewählt zu werden. Für die relativen Zugangschancen zu den einzelnen Stellen sind die Charakteristika der Personen (Qualifikation, Fähigkeiten, Alter etc.) entscheidend. Diese sollen die erwarteten Trainingskosten reflektieren, die im Unternehmen investiert werden müssen, damit die Person die mit der Stelle verbundenen Aufgaben erfüllt. Die Qualifikation der Einzelnen sollte hier als besonders entscheidendes Signal wirken.

Die Humankapitaltheorie (Becker 1993, Mincer 1974) ist zwar in erster Linie eine Theorie zur Erklärung des Investitionsverhaltens von Individuen in ihre eigene Ausbildung. Sie lässt sich aber auch für Arbeitsmarktanalysen verwenden. Sie nimmt an, dass der erzielte Lohn eines Arbeitnehmers seiner Grenzproduktivität entspricht. Diese Produktivität ist Ergebnis seiner Investitionen in Humankapital (formale Bildung, Berufserfahrung). Die Humankaptaltheorie nimmt im Gegensatz zur vorherigen Theorie einen Wettbewerb um freie Stellen über den Lohn an (wage competition model). Es wird kein eindeutiger Bezug zu einer Beendigung von Arbeitslosigkeit hergestellt.

Basierend auf diesen beiden theoretischen Modellen sollten die Humankapital-Ressourcen der Mütter auf beide Stufen des zu untersuchenden Prozesses wirken. Eine höhere formale Ausbildung sowie die Arbeitsmarkterfahrung sollten die Einzelnen in einer relativ günstigeren Position der Verteilung von Arbeitsuchenden platzieren und damit die Wahrscheinlichkeit, eine Erwerbstätigkeit aufzunehmen, erhöhen (Zusammenfassung der aufgestellten Hypothesen in Tabelle 4.1).

Für die Wahrscheinlichkeit mit der neu aufgenommenen Beschäftigung den Leistungsbezug zu beenden, sollte eine Kombination aus der Lohnhöhe und der Höhe des Bedarfs des Haushaltes entscheidend sein. Der Humankapitaltheorie folgend nehmen wir an, dass die Wahrscheinlichkeit, den Bezug zu beenden höher ist, je höher die formale Qualifikation und je höher die Arbeitsmarkterfahrung ist. Wie Mincer (1974) zeigen konnte beeinflussen diese beiden Faktoren das erzielte Erwerbseinkommen. Die alternative Hypothese nimmt, der Matching- und Labour-Queue-Theorie folgend, an, dass die Wahrscheinlichkeit, den Bezug zu beenden, weniger von der eigenen Humankapitalausstattung abhängt als von Merkmalen der angenommenen Stelle (z. B. Berufsklassifikation, Berufsprestige, Arbeitszeit). Unter Kontrolle solcher Merkmale sollten Ausbildung und Arbeitsmarkterfahrung keine Rolle mehr spielen. Dies sollte vor allem dann gelten, wenn berücksichtigt wird, dass die Humankapitalausstattung bereits auf der ersten Stufe des Prozesses wirkt (Selektionseffekte).

Diese dargestellten Theorien zu den individuellen Arbeitsmarktressourcen wurden für den Arbeitsmarkt insgesamt aufgestellt. Für Mütter sollten diese grundsätzlich ebenfalls gelten. Man muss aber für diese spezielle Gruppe bestimmte Restriktionen und teilweise andere Mechanismen des Arbeitsangebots berücksichtigen, die die Arbeitsmarktchancen jenseits der individuellen, arbeitsmarktbezogenen Merkmale einschränken können. Hierfür ist zuvorderst der Haushaltskontext im Sinne von Kinderbetreuungsaufgaben und partnerschaftlicher Arbeitsteilung zu nennen. Im Falle von alleinerziehenden Müttern besteht eine besondere Notwendigkeit für eine eigene Erwerbstätigkeit, denn diese stellt in der Regel, abgesehen von staatlichen oder privaten Transferzahlungen, die einzige Einkommensquelle des Haushalts dar. Auf der anderen Seite führt die alleinige Zuständigkeit für Haushalt und Kinderbetreuung zu besonders eingeschränkten Zeitressourcen für eine mögliche Arbeitsmarktpartizipation.

Im Rahmen des hier verwendeten Handlungsmodells können die Kinderbetreuungsaufgaben die Müttererwerbstätigkeit auf zwei Wegen beeinflussen: Zum einen beeinflussen Kinderbetreuungsaufgaben im Haushalt die ökonomischen Nutzenerwägungen hinsichtlich der Zeitallokation und des Arbeitsangebots (Becker 1965; Blau et al. 2001). Sind Kinder im Haushalt zu betreuen, erhöhen diese den Nutzen der Zeit, die auf Haushaltsaufgaben verwendet wird, relativ zum Nutzen von Erwerbsarbeit. Auf der anderen Seite sind die Möglichkeiten der Erwerbstätigkeit eingeschränkt, wenn die Kinderbetreuung nicht anderweitig – insbesondere durch öffentliche Betreuungseinrichtungen – sichergestellt werden kann. Trotz der Investitionen in den Ausbau der öffentlichen Betreuungsinfrastruktur ist in Deutschland die Verfügbarkeit von Betreuungsplätzen für unter Dreijährige und von Ganztagsbetreuung nach wie vor eingeschränkt und entspricht noch nicht dem Bedarf (Wrohlich 2005; BMFSFJ 2013).

Im Grunde sind diese Betreuungsaufgaben an jeden Elternteil deligierbar. Gerade die Aktivierungspolitik im SGB II soll laut Gesetz geschlechtsneutral sein. Es gibt aber deutliche Anzeichen dafür, dass Kinderbetreuungsaufgaben der Mutter zugewiesen werden (IAQ et al. 2009) und auch Sanktionen werden sehr selten Frauen und Müttern gegenüber verhängt (Wolff/Moczall 2012), was ein Zeichen dafür sein könnte, dass Müttern im SGB II eher die Rolle der Familienbetreuerin zugewiesen wird.

Für die geschlechtsspezifische Arbeitsteilung im Haushalt gibt es ein Argument aus der Familienökonomie: Für die Maximierung des Nutzens des Haushalts ist es sinnvoll, wenn sich ein Partner auf die Markt- und der andere auf die Familienarbeit spezialisiert (Becker 1998). Im Hinblick auf das Gender-Pay-Gap in Deutschland, nach dem Frauen weniger verdienen, obwohl sie dieselbe Ausbildung, denselben Beruf haben und im selben Betrieb arbeiten (Hinz/Gartner 2005), scheint es rational, dass die Mütter die Kinderbetreuung und die Väter bzw. männlichen Partner die Erwerbstätigkeit zugewiesen bekommen. Dies rechtfertigt die Annahme, dass in dieser Studie die Kinderbetreuungsaufgaben für die untersuchten Mütter Relevanz haben. Im Sinne eines geschlechterneutralen Leitbilds der Arbeitsmarktpartizipation im SGB II, der Wichtigkeit der eigenen Erwerbstätigkeit von Müttern als präventives Moment im Falle einer Trennung/Scheidung und einer allgemeinen Prüfung der Vereinbarkeit von Familie und Beruf, wird hier speziell in den Fokus gerückt, inwieweit es Müttern gelingt, eine Erwerbstätigkeit aufzunehmen und einen eigenständigen Beitrag zur Beendigung des Leistungsbezugs zu leisten.

Daran anschließend kann nicht nur die ungleiche Verteilung von Kinderbetreuungsarbeit als einschränkend für die Erwerbstätigkeit von Müttern wirken, sondern auch im Paarkontext die Erwerbstätigkeit bzw. das Erwerbseinkommen des Partners einen unter Nutzengesichtspunkten einschränkenden Einfluss auf die Müttererwerbstätigkeit haben. Der ökonomischen Theorie des Arbeitsangebots von verheirateten Frauen folgend (Mincer 1962) wirkt das Einkommen eines Partners als negativer Anreiz auf die Erwerbstätigkeit der Mutter, weil bereits ein Nichterwerbseinkommen vorhanden ist und damit zu einem bestimmten Lohn weniger oder eventuell auch gar keine Arbeit angeboten wird.

Diese Argumentation unterstützt die Annahme, dass Mütter mit jüngeren und/oder mehreren Kindern seltener eine Arbeit aufnehmen und zwar aus zwei Gründen: Aus Nutzenerwägungen lohnt es sich weniger, selbst erwerbstätig zu sein – insbesondere in einem Paarhaushalt, in dem der Mann durch seine Erwerbstätigkeit eine Verbesserung der finanziellen Situation herstellen kann. Zum anderen setzt eine Erwerbstätigkeit der Mutter voraus, dass die Betreuung der Kinder anderweitig gewährleistet wird. Dies sollte umso schwieriger sein, je jünger die Kinder sind, da für diese öffentliche Betreuung seltener verfügbar ist (BMFSFJ 2013). Für alleinerziehende Mütter spielt zwar der Aspekt der intrafamiliären Arbeitsteilung und die daraus erwachsenden Anreize für den Verzicht auf eine Erwerbstätigkeit keine Rolle. Dafür ist die Notwendigkeit eines eigenen Erwerbseinkommens höher, aber genauso auch die zeitliche Einschränkung wegen geringerer Unterstützung bei der Kinderbetreuung. Die eben skizzierten Mechanismen sollten allerdings nur auf die Wahrscheinlichkeit, eine neue Erwerbstätigkeit aufzunehmen, wirken. Die Möglichkeiten, mit einer erfolgten Arbeitsaufnahme den Bezug zu beenden, sollten unter Kontrolle der realisierten Arbeitszeit nicht von den Kinderbetreuungsaufgaben abhängen.

Neben diesen Fragen der Vereinbarkeit von Familie und Beruf und der individuellen Arbeitsmarktchancen ist für die Überwindung der Bedürftigkeit mittels einer Erwerbstätigkeit der Mutter die Höhe des zur Überwindung des Leistungsbezugs notwendigen Einkommens von Bedeutung. Die Grundsicherung für Arbeitsuchende ist eine bedarfsgeprüfte Transferleistung für den gesamten Haushalt bzw. die gesamte Bedarfsgemeinschaft. Damit ist deren Zusammensetzung hinsichtlich Alter und Anzahl der Mitglieder für den zu Grunde gelegten Bedarf verantwortlich. Je mehr Personen in der Bedarfsgemeinschaft leben, desto geringer sollte die Wahrscheinlichkeit sein, den Bedarf durch die aufgenommene Erwerbstätigkeit zu decken. Die Bedarfsgemeinschaftsgröße hängt zugegebenermaßen mit dem Kinderbetreuungsaufwand zusammen, aber an der Anzahl der nicht betreuungsbedürftigen Mitglieder, d. h. Kinder 15 Jahre und älter, sollte ein klarer negativer Einfluss auf die Wahrscheinlichkeit der Bedarfsdeckung ausgehen. Wogegen die Wahrscheinlichkeit einer Arbeitsaufnahme weitgehend unabhängig davon sein sollte, da diese Mitglieder keine zeitlichen Einschränkungen für die Erwerbstätigkeit der Mutter mit sich bringen.

Auf Grund dieser Hypothesen erlaubt es diese Untersuchung, die Problematik der Vereinbarkeit von Familie und Beruf in eine Perspektive zu rücken, die deren Einfluss und das Zusammen- oder parallel Wirken mit anderen Mechanismen des Arbeitsmarktes für Mütter berücksichtigt und ihnen unterschiedliche Bedeutung für die beiden Stufen des untersuchten Prozesse beimessen kann.

Tabelle 4.1: Zusammenfassung Hypothesen. Angenommener Einfluss der Merkmale auf die beiden Stufen des untersuchten Prozesses

Merkmale	Stufen	
	Arbeitsaufnahme	Bedarfsdeckung
Arbeitsmarktressourcen (Jobmerkmale)	+	+ (+)
Kinderbetreuungsaufgaben	–	0
Größe der Bedarfsgemeinschaft	0	–

+ = positiver Einfluss
– = negativer Einfluss
0 = kein Einfluss

4.3 Daten und Methoden

Für die Analyse des zweistufigen Prozesses, der hier im Mittelpunkt steht, werden administrative Daten verwendet, weil diese eine ausreichende Fallzahl von Müttern im Bezug von Arbeitslosengeld II bieten. Es werden zwei verschiedene administrative Datensätze verwendet: Das „Administrative Panel SGB II" des IAB (Rudolph et al. 2013) ist eine zehnprozentige Stichprobe aller Bedarfsgemeinschaften, die in Deutschland Leistungen nach dem Zweiten Buch Sozialgesetzbuch erhalten.[30] Diese Daten sind im Längsschnitt als Episodendaten organisiert und liefern detaillierte Informationen über Beginn und Ende des SGB-II-Leistungsbezugs aller Mitglieder der Bedarfsgemeinschaft (BG), deren Zusammensetzung (Anzahl und Alter der Personen und Kinder) sowie persönliche Merkmale ihrer Mitglieder (Nationalität, Qualifikation, Geschlecht). Aus diesem Datensatz wurden alle Müt-

---

[30] In die Analyse werden nur Daten aus 255 Kreisen/SGB-II-Trägern einbezogen, für die über den gesamten Analysezeitraum vollständige Informationen vorliegen.

ter, d. h. Frauen, die mit mindestens einem Kind unter 15 Jahren in einer BG leben (Alleinerziehende ohne Partner in der BG, Mütter in Paarhaushalten mit einem männlichen Partner in der BG), ausgewählt, die zwischen Februar 2005 und Dezember 2007 erstmals Leistungen der Grundsicherung für Arbeitsuchende bezogen haben.[31] Für diese Mütter wurden Informationen über deren Erwerbstätigkeit aus den „Integrierten Erwerbsbiografien (IEB)" des IAB (Oberschachtsiek et al. 2009) über eine eindeutige statistische Identifikationsnummer zugespielt. In der IEB sind alle Zeiten einer Erwerbstätigkeit und deren Merkmale (Beruf, Arbeitszeit) erfasst, wenn diese entweder sozialversicherungspflichtig oder eine geringfügige Beschäftigung ist und vom Arbeitgeber an die Sozialversicherung gemeldet wurde.[32] Durch dieses Zusammenspielen der beiden Datenquellen kann für jedes Individuum (hier: Mutter) identifiziert werden, wann der erste SGB-II-Leistungsbezug begonnen und geendet hat und wann eine Erwerbstätigkeit vorlag. In dieser Analyse gilt als Arbeitsaufnahme, wenn eine Mutter, die zu Beginn des Leistungsbezugs nicht erwerbstätig war (ca. 25 % sind zu Beginn erwerbstätig), während oder spätestens einen Monat nach Ende des Leistungsbezugs eine Erwerbstätigkeit beginnt. Eine mit der neuen Erwerbstätigkeit einhergehende Beendigung des Leistungsbezugs liegt vor, wenn in einem Drei-Monatsfenster um den Monat der Arbeitsaufnahme herum der Bezug von SGB-II-Leistungen endet. Ein Ende des Leistungsbezugs liegt dann vor, wenn für mindestens einen Kalendermonat keine Leistungen bezogen wurden. Das Beobachtungsfenster der beiden kombinierten Datenquellen reicht bis Ende Juli 2008.

Die erste Stufe des beobachteten Prozesses wird auf zwei Arten analysiert. Zum einen werden ereignisanalytische Methoden verwendet, um die Neigung der nicht erwerbstätigen Mütter, eine neue Erwerbstätigkeit zu beginnen, zu berechnen. Mit einem „piecewise constant exponential model" werden Einflüsse der theoretisch relevanten Kovariablen auf die Hazardrate geschätzt. Zum anderen werden mit Hilfe einer Probit-Regression die Einflüsse der Kovariablen auf die Wahrscheinlichkeit, innerhalb des Beobachtungsfensters von maximal 42 Monaten eine neue Erwerbstätigkeit aufgenommen zu haben, geschätzt. Diese Probit-Schätzung ist notwendig, da sie als Selektionsgleichung für das Modell mit Selektionskontrolle auf der zweiten Stufe dient.

Für die zweite Stufe des Prozesses (Wahrscheinlichkeit mit dieser neuen Erwerbstätigkeit den Bezug zu beenden) wird ebenfalls eine Probit-Regression geschätzt. Für die Modellierung der zweiten Stufe muss beachtet werden, dass die

---

31 Leistungsbezieher, die bereits im Januar 2005 Leistungen bezogen haben, sind in den meisten Fällen direkt aus den Vorgängersystemen ins SGB II gewechselt, sodass für ihre Leistungsbezugsdauer eine Linkszensierung vorliegt. Diese Personen werden von der Analyse ausgeschlossen.

32 Selbständige Tätigkeiten und Zeiten in einem Beamtenverhältnis sind somit nicht erfasst.

abhängige Variable (Beendigung des Leistungsbezugs durch die Arbeitsaufnahme) nicht für alle Untersuchungspersonen beobachtet werden kann, sondern nur für diejenigen, die auch eine Arbeit aufgenommen haben. Eine Schätzung der Einflüsse kann insofern zu verzerrten Ergebnissen führen, wie Heckman für den Lohn von Frauen zeigen konnte (Heckman 1977, 1979). Dieses Problem wird behoben, wenn zusätzlich zur Schätzung einer Gleichung für die Wahrscheinlichkeit der abhängigen Variablen eine Selektionsgleichung geschätzt wird. Im hier vorliegenden Fall handelt es sich um zwei dichotome Merkmale, weshalb ein bivariates Probit-Modell mit Selektionskontrolle verwendet wird (siehe Baum 2006: 272 ff.; Van de Ven/ Van Praag 1981).[33] Für ein solches Vorgehen ist es notwendig, auf beiden Stufen, d. h. in der Schätzgleichung sowie der Selektionsgleichung mindestens einige abweichende Variablen einzubeziehen. Wir verwenden hier die Kinderbetreuungsquoten auf Kreisebene (Statistisches Bundesamt 2010) nur in der Selektionsgleichung, weil wir ziemlich sicher annehmen können, dass diese nur die Arbeitsaufnahme und nicht die Wahrscheinlichkeit einer Bedarfsdeckung beeinflussen. Für alle anderen Kovariablen wollen wir genau prüfen, ob diese auf der einen und eventuell nicht auf der anderen Stufe wirken.

Um die Hypothesen zu überprüfen, werden theoretisch begründete Kovariablen in die Modelle einbezogen. Die Arbeitsmarktressourcen werden über die erreichte Ausbildung und die zum Beginn des Leistungsbezugs gesammelte Arbeitsmarkterfahrung (kumulierte Jahre in Erwerbstätigkeit aus der IEB) abgebildet. Kinderbetreuungsaufgaben werden durch das Alter des jüngsten Kindes im Haushalt und die Anzahl der Kinder unter 14 Jahren im Haushalt gemessen. Der darüber hinausgehende Einfluss der Haushaltsgröße und damit der Höhe der Einkommensgrenze, ab dem der Leistungsbezug verlassen werden kann, wird über die Anzahl der Kinder zwischen 15 und unter 18 Jahren sowie im Alter von 18 bis unter 25 Jahre abgebildet, da angenommen werden kann, dass für diese Kinder kein Betreuungsaufwand anfällt.

Zur Überprüfung der Relevanz der Merkmale des Beschäftigungsverhältnisses für die Überwindung des Leistungsbezugs werden die Art und Arbeitszeit des Beschäftigungsverhältnisses (geringfügige Beschäftigung, sozialversicherungspflichtige Teilzeit unter 18 Stunden, 18 Stunden oder länger und Vollzeit) auf der zweiten Stufe einbezogen. Außerdem wird die Berufsklassifikation nach Blossfeld (1985) in der neuen Beschäftigung, die Berufe nach qualifikatorischen Voraussetzungen und Aufgabengebieten zusammenfasst (siehe zur Umsetzung Schimpl-Neimanns 2003), das Berufsprestige über den ISEI-Index, der die Eigenschaft von Berufen misst, die persönliche Qualifikation über den Beruf in Einkommen zu konvertieren (Ganzeboom/Treimann 1996, 2003) und die Branche aufgenommen.

---

33 Für die Schätzung wird der *heckprob*-Befehl in STATA verwendet.

Bei Müttern in Paarhaushalten wird zusätzlich kontrolliert, ob der Partner erwerbstätig ist und bei Alleinerziehenden, ob diese Unterhaltszahlungen erhalten. Beides sollte die Wahrscheinlichkeit, den Leistungsbezug zu beenden, erhöhen. Daneben wird für das Alter der Mutter, ihre Nationalität, die regionale Arbeitslosenquote, den Kreistyp auf beiden Stufen und für die zweite Stufe das regionale Mietniveau[34] kontrolliert.

Die einbezogenen Variablen sind bei der Ereignisanalyse zeitabhängig modelliert (außer Nationalität, Arbeitsmarkterfahrung). Für die Schätzung der Arbeitsaufnahme im Probit-Modell und die Selektionsgleichung der zweiten Stufe werden die Werte der Kovariablen zu Beginn des Leitungsbezugs verwendet, für das Probit-Modell für die Überwindung des Leistungsbezugs, die Werte zum Zeitpunkt der Arbeitsaufnahme.

4.4 Ergebnisse: Inzidenz von Arbeitsaufnahmen und damit einhergehender Bedarfsdeckung

In einem ersten Schritt wird betrachtet, wie viele Mütter aus dem SGB-II-Bezug heraus eine Erwerbstätigkeit aufnehmen. Es wird hier eine „cumulative incidence function" für „competing risks" (Cleves et al. 2010: 382 ff.) geschätzt, um zu differenzieren, welcher Art das aufgenommene Beschäftigungsverhältnis ist. Innerhalb des Beobachtungszeitraums von maximal 42 Monaten haben 67 Prozent der alleinerziehenden und 55 Prozent der mit einem Partner zusammenlebenden Mütter eine Arbeit aufgenommen. Diese aufgenommenen Beschäftigungsverhältnisse sind bei beiden Gruppen von Müttern hauptsächlich geringfügige Beschäftigungen (31 bzw. 27 %). Darauf folgen Beschäftigungen in Vollzeit (19 bzw. 15 %) und in großer Teilzeit mit einer wöchentlichen Arbeitszeit von 18 Stunden oder länger (13 bzw. 10 %). Übergänge in ein Ausbildungsverhältnis und sozialversicherungspflichtige Teilzeit mit weniger als 18 Stunden Arbeitszeit die Woche kommen dagegen selten vor.

Vergleicht man diese Verteilung mit den Beschäftigungen, die die männlichen Partner in den Paarfamilien aufnehmen (3. Spalte in Tabelle 4.2), ist zu erkennen, dass der hohe Anteil an Mini-Jobs nicht zu finden ist. Zwar zeigt sich unter den Partnern mit 23 Prozent auch ein hoher Anteil an aufgenommenen Mini-Jobs. Eine Vollzeit-Erwerbstätigkeit ist aber eindeutig die häufigste Beschäftigungsart (42 %). Dies spricht für ein geschlechtsspezifisches Muster, das Auswirkungen auf die Überwindung des Leistungsbezugs hat (Tabelle 4.3).

Für Mütter führt ein Mini-Job nur in vier bzw. elf Prozent der Fälle zu einem Ende des Leistungsbezugs. Das ist bei einem maximalen Verdienst von 400 € im

---

34 Mietstufen laut § 12 Wohngeldgesetz.

Monat – zumindest ohne zusätzliches Einkommen im Haushalt – nicht verwunderlich. Dieser geringe Wert bei der am häufigsten aufgenommenen Beschäftigungsart schränkt damit die Möglichkeiten der Mütter, eigenständig zu einem Ende der Bedürftigkeit beizutragen, deutlich ein. Dies scheint eine strukturelle Eigenschaft des deutschen Arbeitsmarktes zu sein, die es Müttern im Bereich des SGB II nicht häufig ermöglicht, selbständig für den Lebensunterhalt der Familie zu sorgen. Dies trägt bei Alleinerziehenden, denen andere Einkommensquellen fehlen, dazu bei, dass sie länger als andere Haushalte im Leistungsbezug verbleiben (Lietzmann 2009) und verweist die Mütter in Paarhaushalten auf den Einkommensbeitrag des Partners.

Tabelle 4.2: Wahrscheinlichkeit, innerhalb von 42 Monaten nach Beginn einer ALG-II-Leistungsbezugsepisode, eine Erwerbstätigkeit begonnen zu haben

	Alleinerziehende	Paare	
	Mütter	Mütter	Partner
Erwerbstätigkeit insgesamt	67 %	55 %	70 %
Vollzeit	19 %	15 %	42 %
Teilzeit 18+ Std./W.	13 %	10 %	4 %
Teilzeit bis 18 Std./W.	2 %	2 %	1 %
Mini-Job	31 %	27 %	23 %
Ausbildung	3 %	2 %	1 %
N	17.931	21.135	13.816

Quelle: Administratives Panel SGB II des IAB und Integrierte Erwerbsbiografien, 255 vollständige Kreise, eigene Berechnungen, Zugänge Februar 2005 bis Dezember 2007.

Tabelle 4.3: Anteile bedarfsdeckender Arbeitsaufnahmen von Müttern mit ALG II nach Arbeitszeit

	Alleinerziehende	Mütter in Paar-Bedarfsgemeinschaft
Insgesamt	19 %	21 %
Vollzeit	34 %	33 %
Teilzeit 18+ Std./W.	30 %	28 %
Teilzeit bis 18 Std./W.	21 %	21 %
Mini-Job	4 %	11 %
N	7.458	6.631

Quelle: Administratives Panel SGB II des IAB und Integrierte Erwerbsbiografien, 255 vollständige Kreise, eigene Berechnungen, Zugänge Februar 2005 bis Dezember 2007.

Eine zweite Eigenschaft des deutschen Arbeitsmarktes ist ein generell geringeres Lohnniveau von Frauen (Hinz/Gartner 2005). Dies kommt hier zum Tragen, da insgesamt nur in 20 Prozent aller Fälle der Leistungsbezug beendet wird. Mütter, die einen Vollzeit-Job beginnen, können nur in einem Drittel der Fälle den Leistungsbezug beenden. Koller und Rudolph (2011) haben für sozialversicherungspflichtige Arbeitsaufnahmen von SGB-II-Empfängern im Jahr 2008 gezeigt, dass ca. 50 Prozent mit einem Ende der Bedürftigkeit einhergehen. Arbeitsaufnahmen von Frauen waren insgesamt seltener bedarfsdeckend als die von Männern. Dennoch stellt eine Vollzeit-Erwerbstätigkeit hier die beste Möglichkeit dar, den Leistungsbezug zu beenden und kommt auch nach der geringfügigen Beschäftigten am zweithäufigsten vor.

4.5 Multivariate Ergebnisse

4.5.1 Determinanten von Arbeitsaufnahmen

Die Determinanten einer Arbeitsaufnahme von Müttern mit SGB-II-Bezug wurden sowohl ereignisanalytisch als auch mit Hilfe einer Probit-Regression geschätzt und sind in Tabelle 4.4 getrennt für alleinerziehende und in einem Paarhaushalt lebende Mütter dargestellt. Die Ergebnisse der beiden unterschiedlichen Methoden weichen in den meisten Fällen nur geringfügig voneinander ab. Bei der Interpretation konzentrieren wir uns hier auf die Darstellung der Ergebnisse der Ereignisanalyse, da sie die adäquatere Methode für den zu Grunde liegenden Prozess darstellt (Modelle 1 und 3 in Tabelle 4.4). Die Schätzung des Probit-Modells ist vor allem für die Selektionskontrolle bei der Schätzung der zweiten Stufe wichtig.

Die Indikatoren für das Humankapital beeinflussen die Neigung, eine Erwerbstätigkeit zu beginnen in der angenommenen Weise: eine abgeschlossene Berufsausbildung, ein (Fach-)Hochschulabschluss sowie die Arbeitsmarkterfahrung (in Jahren) erhöhen die Chancen, ein neues Beschäftigungsverhältnis aufzunehmen.

Der Kinderbetreuungsaufwand, der im Haushalt zu leisten ist, kommt besonders zum Tragen, wenn das jüngste Kind im Haushalt unter drei Jahre alt ist. Dies ist genau die Altersgruppe, für die in Deutschland insgesamt die öffentliche Kinderbetreuung am wenigsten ausgebaut ist. Dementsprechend sind die Chancen von Müttern mit einem jüngsten Kind dieser Altersgruppe signifikant geringer als bei Müttern, deren jüngstes Kind zwischen zehn und unter 15 Jahre alt ist. Ist das jüngste Kind zwischen drei und unter zehn Jahre alt, wirkt dies nur bei Alleinerziehenden negativ auf den Übergang in eine neue Beschäftigung.

Daneben reflektiert auch die Anzahl von Kindern unter 14 Jahren den im Haushalt zu leistenden Betreuungsaufwand. Je mehr Kinder dieser Altersgruppe im Haushalt leben, desto geringer sind die Chancen, eine Arbeit aufzunehmen. Im Gegensatz dazu hat die Zahl der älteren Kinder im Haushalt, wie erwartet, keinen negativen Einfluss.

Für die Mütter in Paarhaushalten wurde zusätzlich geprüft, ob eine vorhandene Erwerbstätigkeit des Partners die Chancen einer Arbeitsaufnahme beeinflusst. Sowohl im Ereignis- als auch im Probit-Modell zeigt sich ein signifikant positiver Einfluss. Die ökonomische Arbeitsangebotstheorie hat einen negativen Einfluss erwarten lassen, da bereits vorhandenes Einkommen im Haushalt (Nichterwerbseinkommen der Mutter) deren Neigung, Arbeit anzubieten, verringert. Hier könnte die Erwartung eine Rolle spielen, dass bei einer bereits vorhandenen Erwerbstätigkeit des Partners, das eigene Erwerbseinkommen dazu beitragen kann, den Bezug der Grundsicherungsleistungen mit relativ hoher Wahrscheinlichkeit zu beenden. Damit würde sich eine Arbeitsaufnahme besonders „lohnen", da nicht nur das Haushaltseinkommen gesteigert werden kann, sondern auch die Auskunfts- und Aktivitätspflichten, die mit dem SGB-II-Bezug einhergehen, entfallen. Dies spricht für eine erweiterte Nutzenabwägung im Handlungsmodell, die über die Maximierung des Haushaltseinkommens unter Zeitrestriktionen, wie im ökonomischen Arbeitsangebotsmodell, hinausgeht. Eine alternative Erklärung liegt in einer möglicherweise im Haushalt vorliegenden Ähnlichkeit in der Orientierung an Erwerbstätigkeit beider Partner. Zum Beispiel bei einer angenommenen Bildungshomogamie ist es möglich, dass sich beide Partner gleichermaßen am Arbeitsmarkt orientieren und sich gegenseitig unterstützen oder auf der anderen Seite beide Partner eher arbeitsmarktfern sind.

Neben diesen Merkmalen auf Individual- und Haushaltsebene beeinflussen auch die strukturellen Rahmenbedingungen den Prozess der Arbeitsaufnahme. Eine höhere regionale Arbeitslosenquote senkt und eine bessere regionale Kinderbetreuungsinfrastruktur erhöht die Chancen, eine Erwerbstätigkeit zu beginnen.

Auf der ersten Stufe des Prozesses existieren den bisherigen Ergebnissen folgend drei Hürden: Erstens schränken Defizite in der individuellen Humankapitalausstattung die Möglichkeiten, erwerbstätig zu sein, ein. Zweitens wirken sich die Betreuungsaufgaben, die im Haushalt zu leisten sind auf die Erwerbschancen aus. Ob die geringeren Chancen, eine Beschäftigung aufzunehmen, von Müttern mit jüngeren und/oder mehreren Kindern allerdings auf Nutzenerwägungen oder eingeschränkte Möglichkeiten der Vereinbarkeit von Familie und Beruf zurückgehen, ist zunächst nicht klar. Die positiven Effekte, die von einer verbesserten öffentlichen Betreuungsinfrastruktur ausgehen, sprechen dafür, dass zumindest teilweise die eingeschränkten Möglichkeiten der Vereinbarkeit von entscheidender Bedeutung sind. Eine Verbesserung der Rahmenbedingungen in diesem Feld würde damit einen Ansatzpunkt darstellen, um die finanzielle Situation von bedürftigen Familien zu verbessern, in dem den Müttern in diesen Familien eine Erwerbstätigkeit leichter zugänglich gemacht würde.

Multivariate Ergebnisse

Tabelle 4.4: Determinanten einer Arbeitsaufnahme aus dem SGB-II-Bezug heraus von nicht erwerbstätigen Müttern

	Alleinerziehende		Mütter in Paarhaushalten			
	PCEM	Probit	PCEM		Probit	
	(1)	(2)	(3)	(4)	(5)	(6)
Qualifikation (Referenz: keine)						
(Fach-)Hochschule	0,447*** (0,094)	0,231** (0,089)	0,353*** (0,092)	0,384*** (0,093)	0,217** (0,079)	0,256*** (0,079)
Berufsausbildung	0,164*** (0,033)	0,185*** (0,03)	0,135*** (0,038)	0,112*** (0,037)	0,058 (0,036)	0,048 (0,036)
Unbekannt	0,148*** (0,037)	-0,422*** (0,028)	0,043 (0,036)	0,041 (0,036)	-0,505*** (0,030)	-0,496*** (0,030)
Arbeitsmarkterfahrung (in Jahren)	0,194*** (0,008)	0,144*** (0,006)	0,231*** (0,009)	0,219*** (0,009)	0,151*** (0,007)	0,147*** (0,007)
Arbeitsmarkterfahrung quadriert	-0,007*** (0,000)	-0,005*** (0,000)	-0,009*** (0,001)	-0,008*** (0,001)	-0,006*** (0,000)	-0,006*** (0,000)
Alter des jüngsten Kindes (Referenz: 10–14 Jahre)						
0–2 Jahre	-1,325*** (0,074)	-0,813*** (0,061)	-0,989*** (0,066)	-1,051*** (0,067)	-0,487*** (0,056)	-0,524*** (0,055)
3–5 Jahre	-0,226*** (0,041)	-0,113*** (0,035)	-0,094 (0,054)	-0,138** (0,053)	-0,008 (0,040)	-0,036 (0,04)
6–9 Jahre	-0,197*** (0,037)	-0,073* (0,031)	-0,075 (0,054)	-0,086 (0,054)	-0,010 (0,039)	-0,024 (0,038)
Anzahl Kinder unter 14 Jahren (Referenz: unter 2)						
2	-0,172*** (0,030)	-0,047* (0,023)	-0,258*** (0,029)	-0,252*** (0,028)	-0,005 (0,021)	-0,010 (0,022)
3 oder mehr	-0,405*** (0,065)	-0,255*** (0,045)	-0,582*** (0,049)	-0,554*** (0,049)	-0,208*** (0,037)	-0,199*** (0,036)
Anzahl Kinder 15–18 Jahre	0,033 (0,031)	0,019 (0,029)	0,008 (0,028)	-0,002 (0,029)	0,030 (0,022)	0,027 (0,022)
Anzahl weitere Personen bis 24 Jahre	-0,010 (0,067)	0,340*** (0,061)	-0,037 (0,063)	-0,047 (0,064)	0,244*** (0,047)	0,235*** (0,047)
Regionale Arbeitslosenquote	-0,034*** (0,005)	-0,044*** (0,005)	-0,025*** (0,006)	-0,025*** (0,005)	-0,030*** (0,005)	-0,030*** (0,005)
Region (Referenz: Ostdeutschland inkl. Berlin)						
Westdeutschland	-0,100 (0,055)	-0,184*** (0,049)	-0,140* (0,070)	-0,121 (0,063)	-0,173*** (0,040)	-0,175*** (0,040)
Betreuungsquote unter 3-Jährige	0,021*** (0,005)	0,009* (0,004)	0,011*** (0,004)	0,013*** (0,004)	0,003 (0,003)	0,003 (0,003)
Ganztags-Betreuungsquote unter 3-Jährige	-0,003 (0,007)	0,004 (0,006)	0,000 (0,005)	0,000 (0,005)	0,010* (0,004)	0,010* (0,004)
Partner erwerbstätig[a]				0,443*** (0,029)		0,262*** (0,023)
Alter (Referenz: unter 25 Jahre)						
25–34 Jahre	-0,167*** (0,040)	0,007 (0,03)	-0,077 (0,043)	-0,082 (0,043)	0,061 (0,035)	0,063 (0,034)
35–44 Jahre	-0,450*** (0,058)	-0,191*** (0,048)	-0,352*** (0,055)	-0,330*** (0,055)	-0,077 (0,039)	-0,062 (0,040)
45 Jahre oder älter	-0,789*** (0,078)	-0,472*** (0,069)	-0,814*** (0,086)	-0,763*** (0,085)	-0,339*** (0,064)	-0,302*** (0,065)

Individuelles Arbeitsmarktverhalten und Überwindung der Bedürftigkeit von Müttern im SGB II: Analyse eines zweistufigen Prozesses

Fortsetzung Tabelle 4.4

	Alleinerziehende		Mütter in Paarhaushalten			
	PCEM	Probit	PCEM		Probit	
	(1)	(2)	(3)	(4)	(5)	(6)
Staatsangehörigkeit (Referenz: nicht deutsch)						
Deutsch	0,005 (0,033)	0,017 (0,027)	0,262*** (0,032)	0,262*** (0,032)	0,090*** (0,024)	0,085*** (0,023)
Konstante	-6,761*** (0,124)	0,534*** (0,105)	-7,161*** (0,173)	-7,283*** (0,159)	0,058 (0,092)	-0,073 (0,092)
Personen	17931	17931	21135	21135	21135	21135
Spells	232408		273150	273150		
Events	7159		6064	6064		
Log Likelihood	-16754,0	-10574,9	-15871,0	-15728,8	-11598,3	-11516,7
Pseudo-R²		0,131			0,118	0,124
Geschätzte Wahrscheinlichkeit (Referenzgruppe)		0,698			0,547	0,493

Signifikanzen: *** p < 0,005, ** p < 0,01, * p < 0,05
Weitere Kontrollvariablen: Kreistyp, Familienstand.
a) Im PCEM-Modell ist die Erwerbstätigkeit zeitabhängig modelliert, im Probit-Modell bedeutet die Variable, dass der Partner im Beobachtungszeitraum mindestens eine Erwerbstätigkeitsphase aufweist.
Quelle: Administratives Panel SGB II des IAB und Integrierte Erwerbsbiografien, 255 vollständige Kreise, eigene Berechnungen, Zugänge Februar 2005 bis Dezember 2007, robuste Standardfehler in Klammern.

Ein dritter Punkt, der auf dieser Stufe des Prozesses anzusprechen ist, ist der hohe Anteil an geringfügiger Beschäftigung (siehe Tabelle 4.2): Auch wenn auf der individuellen Ebene und im Haushaltskontext die Möglichkeiten einer Erwerbstätigkeit bestehen, ist häufig nur eine geringfügige Beschäftigung realisierbar. Zwar kann es durchaus sein, dass ein Mini-Job bei gegebenem Betreuungsaufwand die gewünschte Beschäftigungsform ist. Es konnte aber gezeigt werden, dass geringfügig beschäftigte Mütter im SGB-II-Bezug häufig eine Ausweitung ihrer Arbeitszeit wünschen und häufiger als nicht erwerbstätige Mütter aktiv nach (einer anderen oder weiteren) Stelle suchen (Achatz et al. 2013). Dies legt die Annahme nahe, dass die Struktur des deutschen Arbeitsmarktes, in dem Frauen und Mütter besonders häufig in Mini-Jobs tätig sind (Bäcker/Neuffer 2012; RWI 2012), hier die Handlungsoptionen der betrachteten Mütter einschränkt. Inwieweit diese starke Verbreitung von geringfügiger Beschäftigung Konsequenzen für die Möglichkeiten der betrachteten Mütter hat, mit ihrer Beschäftigung den Leistungsbezug zu beenden, wird aus der Analyse der zweiten Stufe des betrachteten Prozesses abzulesen sein.

4.5.2 Determinanten der Bedarfsdeckung

Der Einfluss auf die Wahrscheinlichkeit, mit der neu begonnenen Erwerbstätigkeit den Leistungsbezug zu beenden, wird getrennt für alleinerziehende und in einem Paarhaushalt lebende Mütter auf zwei Arten geschätzt: Zum einen wird eine einfache Probit-Regression für die Untergruppe der Mütter geschätzt, die eine

Erwerbstätigkeit aufgenommen haben (jeweils Modelle 1 und 2 in Tabellen 4.5 und 4.6). Zum zweiten wird diese Probit-Regression durch eine Selektionskontrolle ergänzt, um zu berücksichtigen, dass es sich bei denen mit einer Arbeitsaufnahme um ein selektives Sample handelt und dementsprechend bei einer einfachen Probit-Schätzung verzerrte Schätzer berechnet werden könnten (Modelle 3 und 4 in Tabelle 4.5 bzw. 3 bis 5 in Tabelle 4.6). Die Selektionsgleichungen (Modell 5 in Tabelle 4.5 und Modell 6 in Tabelle 4.6) entsprechen dabei den Probit-Schätzungen der Arbeitsaufnahme (Modelle 2 und 5 in Tabelle 4.4). Das Verhältnis von Humankapital und Charakteristika der angenommenen Stellen wird beleuchtet, indem die Schätzung der Bedarfsdeckung einmal mit und einmal ohne Kontrolle der Job-Charakteristika durchgeführt wird (Modelle 1 und 2 sowie Modelle 3 und 4 in Tabellen 4.5 und 4.6). Die Beschreibung der Ergebnisse bezieht sich zunächst auf die Alleinerziehenden. Die Befunde für Mütter in Paarhaushalten fallen insgesamt sehr ähnlich aus, Abweichungen werden im Anschluss dargestellt.

Bei Alleinerziehenden hat die Humankapitalausstattung im einfachen Probit-Modell vor allem dann einen Einfluss auf die Bedarfsdeckung, wenn die Job-Charakteristika nicht mit einbezogen werden. Ein (Fach-)Hochschulabschluss, ein beruflicher Abschluss sowie die Arbeitsmarkterfahrung vor Beginn des Leistungsbezugs erhöhen die Wahrscheinlichkeit, mit der neuen Beschäftigung den Leistungsbezug zu beenden (Modell 1 in Tabelle 4.5). Werden die Charakteristika der neuen Beschäftigung (Arbeitszeit, Beruf, Branche) kontrolliert, verschwinden die signifikanten Effekte eines beruflichen Abschlusses und der Arbeitsmarkterfahrung (Modell 2 in Tabelle 4.5). Die Selektionskontrolle ist genau bei der Arbeitsmarkterfahrung relevant. Während ohne Kontrolle der Jobmerkmale die Arbeitsmarkterfahrung im einfachen Probit-Modell einen signifikanten Einfluss ausübt, gilt dies im Modell mit Selektionskontrolle nicht. Längere Erfahrung auf dem Arbeitsmarkt erhöht die Wahrscheinlichkeit einer Arbeitsaufnahme (Modell 4.5 in Tabelle 4.5 und Modelle 1 und 2 in Tabelle 4.4), hat aber keinen eigenständigen Einfluss auf die Bedarfsdeckung, wenn berücksichtigt wird, dass Mütter in der Untergruppe derjenigen, die eine Arbeit aufgenommen haben, überdurchschnittliche Arbeitsmarkterfahrung aufweisen. Bei Kontrolle der Jobmerkmale und der Selektionskontrolle, besitzt von den Humankapitalindikatoren nur ein abgeschlossener (Fach-)Hochschulabschluss einen eigenständigen Einfluss auf die Wahrscheinlichkeit, den Leistungsbezug zu beenden.

Von den Jobmerkmalen besitzt die Arbeitszeit den entscheidensten Einfluss.[35] Die geschätzte Wahrscheinlichkeit, den Bezug zu beenden, steigt basierend auf Modell 2 von drei Prozent bei einer geringfügigen Beschäftigung auf 27 Prozent bei einer

---

35 Dies ist zwar aus dargestellten Koeffizienten nicht ablesbar, aber die marginalen Effekte (nicht dargestellt) zeigen dies.

sozialversicherungspflichtigen Vollzeittätigkeit (große Teilzeit: 22 %; kleine Teilzeit: 17 %; Ausbildung: 21 %). Von den Job-Charakteristika hat neben dem Beschäftigungsumfang vor allem der ISEI-Berufsindex einen Einfluss. Dieser Index bildet das Potenzial des Berufes ab, die individuelle Qualifikation in Einkommen zu übersetzen. Je höher der Beruf im neuen Beschäftigungsverhältnis auf diesem Index steht, desto höher ist die Wahrscheinlichkeit, den SGB-II-Leistungsbezug zu beenden.

Mit Ausnahme des Hochschulabschlusses, begünstigen die Humankapitalressourcen also im Modell mit Selektionskontrolle die Bedarfsdeckung nicht. Die Annahme der Humankapitaltheorie und ihre Anwendung auf Einkommensanalysen (Mincer 1974) erfüllen sich hier somit nicht. Gerade Arbeitsmarkterfahrung, die gesammelte Kompetenzen durch on-the-job-Training reflektieren sollte, wirkt sich somit bei einer neu aufgenommenen Beschäftigung nicht entscheidend auf die Lohnhöhe aus. Zumindest nicht in einem Ausmaß, das – unter Berücksichtigung anderer Faktoren, wie der Höhe des Bedarfs im Haushalt – die Wahrscheinlichkeit, den Leistungsbezug zu beenden erhöht, obwohl allgemeines Humankapital („general human capital", Becker 1993) die Produktivität und damit auch den Lohn in anderen Betrieben, als denen in denen es gesammelt wurde, erhöhen sollte. Betriebsspezifisches Humankapital auf der anderen Seite bringt keinen Nutzen bei einem Betriebswechsel, führt aber eventuell mit steigender Dauer in der neuen Beschäftigung zu Lohnsteigerungen, da damit verhindert wird, dass Investitionen des Betriebs in den Beschäftigten durch betriebsspezifisches Training verloren gehen, wenn dieser den Betrieb wechselt (Becker 1993). Es ist nicht auszuschließen, dass in der neuen Beschäftigung zu erwerbendes Humankapital nach gewisser Zeit nicht doch noch zu einem Überwinden des Leistungsbezuges führen kann.

Die hier vorliegenden Ergebnisse sprechen eher für das Job-Competition Modell (Thurow 1975), das besagt, dass individuelle Charakteristika, wie insbesondere Ausbildung und auch die Arbeitsmarkterfahrung – bei Müttern in Paarhaushalten zusätzlich die Nationalität – eher die Position in der Verteilung der Arbeitsuchenden bestimmt, und damit die Wahrscheinlichkeit eine Stelle zu finden erhöht. Auf der zweiten Stufe – der Wahrscheinlichkeit einer Bedarfsdeckung – kommen dann auch die Merkmale der angenommenen Stelle zum Tragen, wie der ausgeübte Beruf und vor allem der Umfang der Beschäftigung.

Auf Seiten des Kinderbetreuungsaufwands zeigt sich, wie erwartet, kein negativer Einfluss des Alters des jüngsten Kindes im Haushalt auf die Wahrscheinlichkeit, den Leistungsbezug zu beenden. Dies gilt unabhängig davon, ob für die realisierte Arbeitszeit und die selektive Wahrscheinlichkeit einer Arbeitsaufnahme kontrolliert wird. Letztere wird hingegen stark vom Alter des jüngsten Kindes bestimmt. Es wird somit klar, dass in Bezug auf die Vereinbarkeit von Familie und Beruf die Unterscheidung der beiden Stufen des Prozesses sinnvoll ist.

Die Anzahl der Kinder unter 14 Jahren im Haushalt reduziert die Wahrscheinlichkeit einer Bedürftigkeitsüberwindung in signifikanter Weise. Gleiches gilt für die Anzahl der älteren Kinder (zwischen 15 und unter 25 Jahren) und zwar in allen Modellvarianten, unabhängig von der Selektionskontrolle. Die Zahl der Haushaltsmitglieder bestimmt somit den Bedarf des Haushaltes und die Höhe des zu erzielenden Einkommens, um den Leistungsbezug zu beenden. Die Anzahl der Kinder unter 14 Jahre wirkt somit auf beiden Stufen des Prozesses negativ.

Von den übrigen Kontrollvariablen ist hervorzuheben, dass das Vorliegen von Einkommen aus Unterhaltszahlungen die Wahrscheinlichkeit der Bedarfsdeckung erhöht, da die Höhe des benötigten Erwerbseinkommens reduziert wird. Gegenteilig wirkt das regionale Mietniveau: da bei SGB-II-Leistungsbeziehern die tatsächlich anfallenden Mietkosten übernommen werden (sofern ein gewisses Niveau nicht überschritten wird), steigt in Regionen mit höheren Mietkosten das notwendige Einkommen für die Überwindung der Bedürftigkeit.

Tabelle 4.5: Determinanten einer Beendigung des SGB-II-Bezugs bei einer Arbeitsaufnahme aus dem SGB-II-Bezug heraus von nicht erwerbstätigen alleinerziehenden Müttern

	Einfaches Probit		Probit mit Selektionskontrolle		Selektionsmodell
	(1)	(2)	(3)	(4)	(5)
Qualifikation (Referenz: keine)					
(Fach-)Hochschule	0,704***	0,342***	0,543***	0,315***	0,231**
	(0,091)	(0,095)	(0,119)	(0,098)	(0,089)
Berufsausbildung	0,112*	0,040	0,041	0,023	0,186***
	(0,044)	(0,048)	(0,054)	(0,050)	(0,03)
Unbekannt	0,138**	0,045	0,293***	0,096	-0,422***
	(0,054)	(0,056)	(0,067)	(0,080)	(0,028)
Arbeitsmarkterfahrung (in Jahren)	0,041***	0,018	-0,022	0,000	0,144***
	(0,011)	(0,012)	(0,028)	(0,022)	(0,006)
Arbeitsmarkterfahrung quadriert	-0,001	0,000	0,001	0,000	-0,005***
	(0,001)	(0,001)	(0,001)	(0,001)	(0,000)
Alter des jüngsten Kindes (Referenz: 10-14 Jahre)					
0-2 Jahre	0,115	0,066	0,305***	0,126	-0,814***
	(0,08)	(0,079)	(0,089)	(0,100)	(0,061)
3-5 Jahre	-0,025	-0,018	0,021	-0,005	-0,113***
	(0,080)	(0,077)	(0,071)	(0,079)	(0,035)
6-9 Jahre	0,042	0,043	0,067	0,051	-0,072*
	(0,068)	(0,071)	(0,062)	(0,072)	(0,031)
Anzahl Kinder unter 14 Jahren (Referenz: unter 2)					
2	-0,304***	-0,265***	-0,250***	-0,258***	-0,047*
	(0,046)	(0,05)	(0,055)	(0,051)	(0,023)
3 oder mehr	-0,478***	-0,315***	-0,312*	-0,279*	-0,255***
	(0,099)	(0,108)	(0,127)	(0,113)	(0,045)
Anzahl Kinder 15-18 Jahre	-0,254***	-0,237***	-0,231***	-0,237***	0,019
	(0,044)	(0,051)	(0,045)	(0,051)	(0,029)
Anzahl weitere Personen bis 24 Jahre	-0,414***	-0,415***	-0,496***	-0,450***	0,339***
	(0,135)	(0,141)	(0,121)	(0,146)	(0,061)

Fortsetzung Tabelle 4.5

	Einfaches Probit		Probit mit Selektionskontrolle		Selektionsmodell
	(1)	(2)	(3)	(4)	(5)
Arbeitszeit (Referenz: Mini-Job)					
Vollzeit		1,222*** (0,052)		1,208*** (0,058)	
Teilzeit > 18 Std./Woche		1,054*** (0,057)		1,042*** (0,063)	
Teilzeit ≤ 18 Std./Woche		0,882*** (0,103)		0,871*** (0,103)	
Ausbildung		1,040*** (0,098)		1,029*** (0,099)	
Berufklassifikation (Referenz: einfache Dienste)					
Einfache manuelle Berufe		-0,121 (0,083)		-0,12 (0,082)	
Qualifizierte manuelle Berufe		0,038 (0,100)		0,037 (0,099)	
Qualifizierte Dienste		-0,095 (0,090)		-0,094 (0,089)	
Einfache kaufmännische Berufe		-0,063 (0,077)		-0,063 (0,076)	
Qualifizierte kaufmännische Berufe		0,074 (0,089)		0,073 (0,088)	
Semiprofessionen		0,270*** (0,082)		0,267*** (0,080)	
Professionen, Manager, Techniker, Ingenieure		0,249 (0,128)		0,245 (0,127)	
ISEI-Index		0,007*** (0,002)		0,007*** (0,002)	
Regionale Arbeitslosenquote	-0,009 (0,006)	-0,008 (0,006)	0,009 (0,010)	-0,003 (0,008)	-0,043*** (0,005)
Region (Referenz: Ostdeutschland inkl. Berlin)					
Westdeutschland	-0,123* (0,055)	0,017 (0,059)	0,015 (0,083)	0,053 (0,070)	-0,183*** (0,049)
Betreuungsquote unter 3-Jährige					0,009* (0,004)
Ganztags-Betreuungsquote unter 3-Jährige					0,004 (0,006)
Alter (Referenz: unter 25 Jahre)					
25–34 Jahre	0,058 (0,066)	0,092 (0,084)	0,042 (0,057)	0,089 (0,082)	0,007 (0,030)
35–44 Jahre	0,098 (0,092)	0,098 (0,112)	0,155* (0,076)	0,118 (0,112)	-0,191*** (0,048)
45 Jahre oder älter	0,098 (0,148)	0,158 (0,161)	0,261 (0,134)	0,209 (0,169)	-0,472*** (0,069)
Staatsangehörigkeit (Referenz: nicht deutsch)					
Deutsch	0,020 (0,058)	-0,074 (0,059)	0,008 (0,055)	-0,076 (0,059)	0,017 (0,027)
Höhe Unterhaltszahlungen (Referenz: keine)					
1 bis unter 200 €	-0,003 (0,057)	0,023 (0,069)	-0,007 (0,050)	0,021 (0,068)	

Multivariate Ergebnisse

	Einfaches Probit		Probit mit Selektionskontrolle		Selektionsmodell
	(1)	(2)	(3)	(4)	(5)
200 bis unter 400 €	0,130* (0,054)	0,136* (0,063)	0,111* (0,048)	0,135* (0,063)	
400 € oder mehr	0,584*** (0,064)	0,562*** (0,072)	0,510*** (0,076)	0,555*** (0,072)	
Keine Angabe	-0,148 (0,099)	-0,234* (0,115)	-0,135 (0,086)	-0,232* (0,113)	
Regionales Mietniveau	-0,034 (0,020)	-0,067*** (0,021)	-0,032 (0,018)	-0,067*** (0,021)	
Konstante	-0,952*** (0,183)	-1,869*** (0,210)	-0,599*** (0,206)	-1,764*** (0,226)	0,531*** (0,105)
Personen	7447	7447	17931	17931	
Log Likelihood	-3471,6	-2956,5	-14046,9	-13531,1	
Pseudo-R²	0,047	0,185			
Geschätzte Wahrscheinlichkeit (Referenzgruppe)	0,161	0,033			
Rho			-0,572	-0,183	
Wald-Test auf Unabhängigkeit (Chi²-Wert)			5,445	1,011	

Signifikanzen: *** p<0,005, ** p<0,01, * p<0,05
Weitere Kontrollvariablen: Branche, Kreistyp, Betriebsgröße, Familienstand.
Quelle: Administratives Panel SGB II des IAB und Integrierte Erwerbsbiografien, 255 vollständige Kreise, eigene Berechnungen, Zugänge Februar 2005 bis Dezember 2007, robuste Standardfehler in Klammern.

Die Ergebnisse für Mütter in Paarhaushalten (Tabelle 4.6) sind denen für Alleinerziehende sehr ähnlich: Einzig eine erreichte Berufsausbildung bleibt bei Müttern, die mit einem Partner zusammenleben leicht signifikant, wenn die Selektionsgleichung für die Wahrscheinlichkeit einer Arbeitsaufnahme berücksichtigt wird. Dies liegt in diesem Fall daran, dass eine abgeschlossene Berufsausbildung die Arbeitsaufnahme im Probit-Modell nicht signifikant beeinflusst. Aber auch bei den Müttern in Paarhaushalten verschwindet der Einfluss, wenn die Merkmale der neuen Stelle berücksichtigt werden. Speziell für die Mütter in Paarhaushalten wurde geprüft, wie eine Erwerbstätigkeit des Partners die Wahrscheinlichkeit, den Leistungsbezug zu verlassen, beeinflusst. Ähnlich wie die Unterhaltszahlungen bei Alleinerziehenden senkt ein vorhandenes Erwerbseinkommen des Partners die Einkommenslücke, die bis zur Grenze der Bedürftigkeit des Haushalts besteht. Dementsprechend steigt bei einer Erwerbstätigkeit des Partners die Wahrscheinlichkeit, den Leistungsbezug zu beenden, deutlich.

Tabelle 4.6: Determinanten einer Beendigung des SGB-II-Bezugs bei einer Arbeitsaufnahme aus dem SGB-II-Bezug heraus von nicht erwerbstätigen Müttern in Paarhaushalten

	Einfaches Probit		Probit mit Selektionskontrolle			Selektionsmodell
	(1)	(2)	(3)	(4)	(5)	(6)
Qualifikation (Referenz: keine)						
(Fach-)Hochschule	0,567*** (0,118)	0,299** (0,111)	0,508*** (0,122)	0,299** (0,112)	0,334*** (0,118)	0,217** (0,079)
Berufsausbildung	0,149*** (0,049)	0,102 (0,053)	0,142*** (0,048)	0,102 (0,053)	0,093 (0,054)	0,058 (0,036)
Unbekannt	0,109* (0,047)	0,070 (0,05)	0,218* (0,099)	0,071 (0,086)	0,058 (0,089)	-0,505*** (0,030)
Arbeitsmarkterfahrung (in Jahren)	0,043*** (0,013)	0,021 (0,013)	0,008 (0,032)	0,021 (0,025)	0,022 (0,025)	0,151*** (0,007)
Arbeitsmarkterfahrung quadriert	-0,001 (0,001)	-0,001 (0,001)	0,000 (0,001)	-0,001 (0,001)	-0,001 (0,001)	-0,006*** (0,000)
Alter des jüngsten Kindes (Referenz: 10–14 Jahre)						
0–2 Jahre	0,075 (0,078)	0,038 (0,079)	0,134 (0,098)	0,039 (0,098)	0,020 (0,101)	-0,487*** (0,056)
3–5 Jahre	0,042 (0,070)	0,030 (0,072)	0,043 (0,068)	0,030 (0,073)	0,016 (0,073)	-0,008 (0,040)
6–9 Jahre	0,028 (0,076)	0,041 (0,079)	0,029 (0,074)	0,041 (0,080)	0,039 (0,080)	-0,010 (0,039)
Anzahl Kinder unter 14 Jahren (Referenz: unter 2)						
2	-0,151*** (0,039)	-0,100* (0,040)	-0,147*** (0,041)	-0,100* (0,040)	-0,083* (0,039)	-0,005 (0,021)
3 oder mehr	-0,288*** (0,081)	-0,184* (0,087)	-0,232* (0,093)	-0,183* (0,089)	-0,15 (0,093)	-0,208*** (0,037)
Anzahl Kinder 15–18 Jahre	-0,167*** (0,049)	-0,150*** (0,048)	-0,168*** (0,048)	-0,150*** (0,049)	-0,162*** (0,050)	0,030 (0,022)
Anzahl weitere Personen bis 24 Jahre	-0,068 (0,093)	-0,015 (0,098)	-0,118 (0,102)	-0,016 (0,107)	-0,037 (0,110)	0,244*** (0,047)
Arbeitszeit (Referenz: Mini-Job)						
Vollzeit		0,602*** (0,046)		0,602*** (0,046)	0,649*** (0,046)	
Teilzeit > 18 Std./Woche		0,506*** (0,055)		0,506*** (0,055)	0,541*** (0,055)	
Teilzeit ≤18 Std./Woche		0,326** (0,118)		0,326** (0,119)	0,368*** (0,121)	
Ausbildung		0,387*** (0,112)		0,387*** (0,112)	0,453*** (0,109)	
Berufklassifikation (Referenz: einfache Dienste)						
Einfache manuelle Berufe		0,016 (0,073)		0,016 (0,073)	0,010 (0,073)	
Qualifizierte manuelle Berufe		0,083 (0,094)		0,083 (0,094)	0,088 (0,096)	
Qualifizierte Dienste		-0,020 (0,112)		-0,020 (0,112)	-0,013 (0,117)	
Einfache kaufmännische Berufe		-0,054 (0,088)		-0,054 (0,088)	-0,045 (0,088)	
Qualifizierte kaufmännische Berufe		0,019 (0,105)		0,019 (0,105)	0,024 (0,104)	

Multivariate Ergebnisse

	Einfaches Probit		Probit mit Selektionskontrolle			Selektionsmodell
	(1)	(2)	(3)	(4)	(5)	(6)
Semiprofessionen		0,126 (0,080)		0,126 (0,080)	0,154 (0,081)	
Professionen, Manager, Techniker, Ingenieure		0,064 (0,140)		0,064 (0,140)	0,092 (0,141)	
ISEI-Index		0,006* (0,003)		0,006* (0,003)	0,007** (0,003)	
Regionale Arbeitslosenquote	0,007 (0,006)	0,006 (0,006)	0,014 (0,008)	0,006 (0,008)	0,004 (0,008)	−0,030*** (0,005)
Region (Referenz: Ostdeutschland inkl. Berlin)						
Westdeutschland	−0,077 (0,067)	0,043 (0,075)	−0,007 (0,104)	0,044 (0,099)	0,058 (0,093)	−0,173*** (0,041)
Betreuungsquote unter 3-Jährige						0,003 (0,003)
Ganztags-Betreuungsquote unter 3-Jährige						0,010* (0,004)
Partner erwerbstätig						0,452*** (0,051)
Alter (Referenz: unter 25 Jahre)						
25–34 Jahre	0,034 (0,062)	−0,029 (0,063)	0,016 (0,061)	−0,029 (0,063)	−0,023 (0,063)	0,061 (0,035)
35–44 Jahre	0,024 (0,080)	−0,034 (0,081)	0,038 (0,078)	−0,033 (0,082)	−0,013 (0,082)	−0,077 (0,040)
45 Jahre oder älter	−0,217 (0,129)	−0,210 (0,137)	−0,142 (0,157)	−0,209 (0,152)	−0,151 (0,156)	−0,339*** (0,064)
Regionales Mietniveau	−0,018 (0,019)	−0,039* (0,019)	−0,018 (0,019)	−0,039* (0,019)	−0,040* (0,018)	
Konstante	−1,131*** (0,181)	−1,628*** (0,223)	−0,887*** (0,255)	−1,626*** (0,233)	−1,878*** (0,228)	0,058 (0,092)
Personen	6631	6631	21135	21135	21135	
Log Likelihood	−3239,4	−3073,5	−14837	−14671,8	−14600,4	
Pseudo-R²	0,044	0,093				
Geschätzte Wahrscheinlichkeit (Referenzgruppe)	0,176	0,086				
Rho			−0,301	−0,004	0,028	
Wald-Test auf Unabhängigkeit (Chi²-Wert)			1,211	0	0,017	

Signifikanzen: *** p < 0,005, ** p < 0,01, * p < 0,05
Weitere Kontrollvariablen: Branche, Kreistyp, Betriebsgröße, Familienstand.
Quelle: Administratives Panel SGB II des IAB und Integrierte Erwerbsbiografien, 255 vollständige Kreise, eigene Berechnungen, Zugänge Februar 2005 bis Dezember 2007, robuste Standardfehler in Klammern.

Insgesamt liegt die geschätzte Wahrscheinlichkeit einer Bedarfsdeckung bei einer Arbeitsaufnahme von Müttern in Paarhaushalten mit 16 Prozent höher als bei Alleinerziehenden (13 %). Diese Unterschiede variieren mit der Arbeitszeit: Insbesondere im Referenzszenario mit der Aufnahme eines Mini-Jobs ist die Wahrscheinlichkeit, damit den Leistungsbezug zu beenden, bei Müttern in Paarhaushalten mit knapp neun Prozent fast dreimal so hoch wie bei Alleinerziehenden (3 %). Hier ist der mögliche Einkommensbeitrag des Partners von entscheidender Bedeutung. Bei einem höheren Beschäftigungsumfang dreht sich dieses Ergebnis tendenziell um: Alleinerziehenden mit einer Vollzeitbeschäftigung gelingt – unter Kontrolle der anderen Einflussfaktoren – eher eine Beendigung des Leistungsbezugs mit 27 Prozent gegenüber 22 Prozent.[36] Dies ist ein Indikator dafür, dass Anreize für Paare, wie das Ehegattensplitting, hier wirken können, obwohl es in der Situation des SGB-II-Bezugs nicht sofort wirksam ist. Von den Müttern wird hauptsächlich eine geringfügige Beschäftigung aufgenommen, wenn der Partner bereits erwerbstätig ist. Wenn eine Beschäftigung in größerem Umfang aufgenommen wird, geht diese in der Regel nicht mit einer Erwerbstätigkeit des Partners einher. Somit hat man hier Paare, in denen die Mütter die Familienernährer werden, ähnlich wie Alleinerziehende, aber den Partner mit versorgen müssen, was zu einem höheren Bedarf als bei Alleinerziehenden führt. Deshalb ergeben sich niedrigere Chancen, den Grundsicherungsbezug zu beenden.

Insgesamt ist hier mit Blick auf die verschiedenen Modelle, die hier gerechnet wurden, festzustellen, dass die Selektionskontrolle keinen großen Unterschied macht (siehe Chi-Quadrat-Tests in Tabellen 4.5 und 4.6), und bei Betrachtung der Modellstatistiken die beiden geschätzten Einflüsse auf die Wahrscheinlichkeiten auf beiden Stufen weitgehend unabhängig voneinander zu Stande kommen (Ausnahme ist die Arbeitsmarkterfahrung).

4.6 Diskussion: Unterschiedliche Hürden auf den beiden Stufen des Prozesses und die Relevanz des Beschäftigungsumfangs

In der Diskussion der Ergebnisse soll noch einmal auf die Hürden und Chancen auf beiden Stufen einer arbeitsmarktinduzierten Bedürftigkeitsüberwindung eingegangen werden. Auf der ersten Stufe, den Chancen für Mütter, eine Arbeit aus dem SGB-II-Bezug aufzunehmen, wurden drei entscheidende Hürden identifiziert: auf einer individuellen Ebene sind fehlende Arbeitsmarktressourcen (Bildung, Arbeitsmarkterfahrung) ein Hindernis. Dies gilt generell für Arbeitslose, aber eben auch für Mütter. Die Letzteren sehen sich aber weiteren Aspekten gegenüber, die für andere Erwerbslose nicht relevant sind: Kinderbetreuungsaufgaben. Insbesondere ein jüngstes Kind unter drei Jahren ist ein Faktor, der die Erwerbsintegration behindert. Dazu ist die Tatsache, dass hauptsächlich geringfügige Beschäftigungen aufgenommen werden, ein Indikator dafür, dass es einen geschlechtsspezifischen Arbeitsmarkt gibt, der die eventuell vorhandene Motivation, eine weiter gehende Erwerbstätigkeit aufzunehmen, einschränkt. Auf der zweiten Stufe des untersuchten Prozesses gewinnen gerade diese geringfügigen Beschäftigungen an Bedeutung. Die Art und der Umfang der realisierten Beschäftigung beeinflussen die Chancen beider Gruppen von Müttern,

---

36 Auch bei der großen Teilzeit (22 vs. 20 %), der kleinen Teilzeit (17 vs. 15 %) und einer Ausbildung (21 vs. 16 %) gibt es tendenziell einen Vorteil bei den alleinerziehenden Müttern.

Diskussion: Unterschiedliche Hürden auf den beiden Stufen des Prozesses und die Relevanz des Beschäftigungsumfangs

den Grundsicherungsbezug zu beenden besonders stark. Die beiden anderen Hürden der ersten Stufe (Arbeitsmarktressourcen und Kinderbetreuungsaufwand) spielen auf der zweiten Stufe eine nur untergeordnete Rolle, wohingegen die Größe der Bedarfsgemeinschaft, zusätzliches Einkommen aus Unterhalt oder Partnereinkommen ebenso wie das regionale Mietniveau hier von Bedeutung sind.

Unterstellt man einen segmentierten Arbeitsmarkt hinsichtlich Qualifikationsniveau, Berufen und Arbeitsnachfrage nach geringfügiger Beschäftigung, könnte Art und Umfang der realisierten Beschäftigung ebenfalls von den Arbeitsmarktressourcen der Mütter abhängen. Die Betreuungsaufgaben im Haushalt können für die Mutter nicht nur ein Hindernis für eine Arbeitsaufnahme insgesamt darstellen, sondern darüber hinaus auch die realisierte Arbeitszeit beeinflussen. In einer letzten Analyse wird mittels einer multinomialen Regression untersucht, welche Einflüsse die Aufnahme einer Vollzeitbeschäftigung im Vergleich zu einer geringfügigen Beschäftigung bestimmen.

Tabelle 4.7: Determinanten des Umfangs und der Art der neu begonnenen Beschäftigung
Multinomiale Logit-Regression – Referenz: Mini-Job

	Alleinerziehende		Mütter in Paarhaushalten	
	Vollzeit		Vollzeit	
	(1)	(2)	(3)	(4)
Qualifikation (Referenz: keine)				
(Fach-)Hochschule	1,100*** (0,200)	0,387 (0,229)	1,310*** (0,215)	0,473* (0,241)
Berufsausbildung	0,274*** (0,078)	0,168 (0,087)	0,155 (0,088)	-0,049 (0,097)
Unbekannt	0,278*** (0,080)	0,157 (0,089)	0,128 (0,082)	-0,01 (0,090)
Arbeitsmarkterfahrung (in Jahren)	0,134*** (0,019)	0,131*** (0,021)	0,136*** (0,020)	0,116*** (0,023)
Arbeitsmarkterfahrung quadriert	-0,004*** (0,001)	-0,004*** (0,001)	-0,004*** (0,001)	-0,004** (0,001)
Alter des jüngsten Kindes (Referenz: 10–14 Jahre)				
0–2 Jahre	-0,071 (0,100)	-0,186 (0,114)	-0,043 (0,117)	-0,311* (0,129)
3–5 Jahre	-0,216* (0,095)	-0,252* (0,110)	-0,113 (0,115)	-0,188 (0,125)
6–9 Jahre	-0,063 (0,089)	-0,083 (0,100)	-0,114 (0,113)	-0,138 (0,123)
Anzahl Kinder unter 14 Jahren (Referenz: unter 2)				
2	-0,280*** (0,075)	-0,361*** (0,090)	-0,332*** (0,073)	-0,254*** (0,080)
3 oder mehr	-0,473*** (0,152)	-0,610*** (0,174)	-0,642*** (0,126)	-0,550*** (0,139)
Anzahl Kinder 15–18 Jahre	-0,150* (0,076)	-0,102 (0,085)	-0,03 (0,076)	0,037 (0,083)
Anzahl weitere Personen bis 24 Jahre	-0,022 (0,162)	0,086 (0,178)	-0,424** (0,164)	-0,388* (0,176)

Fortsetzung Tabelle 4.7

	Alleinerziehende		Mütter in Paarhaushalten	
	Vollzeit		Vollzeit	
	(1)	(2)	(3)	(4)
Berufklassifikation (Referenz: einfache Dienste)				
Einfache manuelle Berufe		1,634*** (0,111)		1,754*** (0,118)
Qualifizierte manuelle Berufe		1,133*** (0,152)		0,819*** (0,155)
Qualifizierte Dienste		1,319*** (0,160)		1,849*** (0,184)
Einfache kaufmännische Berufe		0,416*** (0,133)		0,579*** (0,149)
Qualifizierte kaufmännische Berufe		1,846*** (0,159)		1,876*** (0,185)
Semiprofessionen		2,100*** (0,165)		1,988*** (0,179)
Professionen, Manager, Techniker, Ingenieure		1,636*** (0,243)		2,148*** (0,264)
Betriebsgröße (Referenz: 10–249 Beschäftigte)				
< 10 Beschäftige		-0,468*** (0,088)		-0,671*** (0,097)
≥ 250 Beschäftigte		0,585*** (0,082)		0,419*** (0,087)
ISEI-Index		0,020*** (0,004)		0,014*** (0,004)
Regionale Arbeitslosenquote	-0,028*** (0,009)	-0,039*** (0,010)	-0,006 (0,010)	0,000 (0,011)
Region (Referenz: Ostdeutschland inkl. Berlin)				
Westdeutschland	-0,629*** (0,100)	-0,695*** (0,111)	-0,799*** (0,101)	-0,788*** (0,113)
Partner erwerbstätig				-0,287*** (0,068)
Alter (Referenz: unter 25 Jahre)				
25–34 Jahre	0,059 (0,106)	-0,030 (0,117)	0,293** (0,109)	0,116 (0,120)
35–44 Jahre	0,116 (0,127)	-0,1 (0,140)	0,270* (0,135)	0,074 (0,148)
45 Jahre oder älter	0,095 (0,175)	-0,090 (0,194)	-0,323 (0,205)	-0,574* (0,223)
Staatsangehörigkeit (Referenz: nicht deutsch)				
deutsch	-0,009 (0,092)	-0,310*** (0,102)	0,056 (0,087)	-0,159 (0,096)
Konstante	-0,007 (0,236)	-0,916* (0,376)	-0,485 (0,252)	-1,545*** (0,414)
Personen	7447	7447	6631	6631
Log Likelihood	-8711,8	-7548,8	-7396,0	-6465,1
Pseudo-R^2	0,08	0,20	0,08	0,19

Signifikanzen: *** $p < 0,005$, ** $p < 0,01$, * $p < 0,05$
Berechnungen, Zugänge Februar 2005 bis Dezember 2007, robuste Standardfehler in Klammern.
[a] Referenz: ledig (Alleinerziehende) bzw. nicht verheiratet (in Paarhaushalten).
Weitere Kontrollvariablen: Branche, Kreistyp, regionales Mietniveau, Familienstand
Quelle: Administratives Panel SGB II des IAB und Integrierte Erwerbsbiografien, 255 vollständige Kreise,
  eigene Berechnungen, Zugänge Februar 2005 bis Dezember 2007, robuste Standardfehler in Klammern.

Diskussion: Unterschiedliche Hürden auf den beiden Stufen des Prozesses und die Relevanz des Beschäftigungsumfangs

Die Humankapitalressourcen der untersuchten Mütter bestimmen auch den Beschäftigungsumfang. Bei höherer formaler Bildung und mehr Arbeitsmarkterfahrung ist die Aufnahme einer sozialversicherungspflichtigen Vollzeittätigkeit wahrscheinlicher als eine geringfügige Beschäftigung (Modelle 1 und 3 in Tabelle 4.7). Bei Kontrolle weiterer Jobmerkmale wie Beruf, Betriebsgröße und Branche verliert die formale Qualifikation an Bedeutung (Modelle 2 und 4 in Tabelle 4.3). Eine Vollzeittätigkeit ist seltener in kleineren Betrieben, bei einer Tätigkeit im Bereich einfacher Dienstleistungen und mit niedrigem Berufsprestige zu finden. Darüber hinaus finden Vollzeit-Beschäftigungsaufnahmen seltener im Bereich des Handels, des Gaststättengewerbes und im Gesundheits- und Sozialwesen statt (Ergebnisse nicht dargestellt).

Es zeigen sich also Hinweise darauf, dass ein segmentierter Arbeitsmarkt für Mütter existiert, in dem in spezifischen Frauenberufen und -branchen, insbesondere für Mütter mit weniger Humankapital, hauptsächlich geringfügige Beschäftigungen realisierbar sind. Dies hat im Anschluss daran die Konsequenz, dass eine Beendigung des Grundsicherungsbezugs nur selten möglich ist. Eine weitere geschlechtsspezifische Komponente besteht in der partnerschaftlichen Arbeitsteilung in Paarhaushalten. Eine Vollzeitbeschäftigung ist dann wahrscheinlicher, wenn der Partner nicht erwerbstätig ist. Das bedeutet eine Unterstützung des Hinzuverdienermodells, da im Umkehrschluss Mütter mit einem erwerbstätigen Partner häufig eine nur geringfügige Beschäftigung aufnehmen. Dieser letzte Punkt ist somit auch die Erklärung für die Unterschiede in der Bedürftigkeitsüberwindung zwischen Alleinerziehenden und Müttern in Paarhaushalten. Die Beendigung des Leistungsbezugs ist bei einer aufgenommenen geringfügigen Beschäftigung in Paarhaushalten wahrscheinlicher als bei Alleinerziehenden, da auch eine Erwerbstätigkeit des Partners vorliegt.

Nimmt eine Mutter in einem Paarhaushalt eine Vollzeittätigkeit auf, geht dies tendenziell seltener mit einer Erwerbstätigkeit des Partners einher. Dementsprechend ist die geschätzte Wahrscheinlichkeit einer Bedürftigkeitsüberwindung geringer als für Vollzeit erwerbstätige alleinerziehende Mütter, da der Bedarf des nicht erwerbstätigen Partners zusätzlich mit erwirtschaftet werden muss.

Die Vereinbarkeit von Familie und Beruf spielt für den realisierten Beschäftigungsumfang eine eher untergeordnete Rolle. Das Alter des jüngsten Kindes beeinflusst nicht die Aufnahme einer Vollzeittätigkeit im Vergleich zu einem Mini-Job. Einzig die Anzahl der Kinder unter 14 Jahren im Haushalt entfaltet hier eine Wirkung: Bei mehreren Kindern ist eine geringfügige Beschäftigung wahrscheinlicher. Dies kann zum einen daran liegen, dass die gleichzeitige Organisation der Kinderbetreuung für mehrere, auch ältere Kinder, es erschwert, die zeitlichen Ressourcen für eine Vollzeittätigkeit zu Stande zu bringen. Zum anderen kann dies auch eine Anreizeffekt sein: Wenn bei einem höheren Bedarf es nicht absehbar ist, mit einer Vollzeittätigkeit den Bezug zu beenden, wird eher eine geringfügige Beschäftigung angestrebt. Diese Frage kann aber mit den vorliegenden Daten nicht geklärt werden.

4.7 Zusammenfassung

Die hier vorgestellten Ergebnisse haben gezeigt, dass es wichtig ist, den Prozess der erwerbsbezogenen Überwindung des Leistungsbezugs von Müttern auf zwei Stufen zu analysieren. So können die Determinanten in den einzelnen Aspekten deutlicher herausgearbeitet werden. Die Verbesserung der Vereinbarkeit von Familie und Beruf ist ein wichtiges politisches Ziel. Die Indikatoren des Kinderbetreuungsaufwands wirken aber hauptsächlich auf der ersten Stufe des Prozesses, bei der Arbeitsaufnahme. Somit stellt die bessere Vereinbarkeit und Ausbau von Kinderbetreuungseinrichtungen aus geschlechterpolitischer Sicht ein notwendiges, aber nicht hinreichendes Ziel dar. Die individuellen Arbeitsmarktressourcen der Mütter sind ein weiterer wichtiger Faktor, der ebenfalls hauptsächlich auf der ersten Stufe wirkt.

Es ergeben sich Hinweise darauf, dass sowohl der Zugang zum Arbeitsmarkt als auch die erreichte Position darin nach Humankapital selektiv sind. Die individuellen Ressourcen werden hinsichtlich des Einkommenspotenzials über die erreichte Position im Arbeitsmarkt vermittelt. Die Ausgestaltung der erreichten Stelle ist eher entscheidend für das erzielte Einkommen.

Das verweist auch auf arbeitsnachfrageseitige Aspekte: Der Arbeitsmarkt stellt sich für Frauen als ein Syndrom von geringfügiger Beschäftigung (außer für die Hochqualifizierten), die sich in Frauenberufen und -branchen konzentriert, dar und ermöglicht nur selten einen ausreichenden Verdienst, um die finanzielle Lage des Haushalts substanziell zu verbessern. Mit den vorliegenden Daten konnte allerdings nicht berücksichtigt werden, inwiefern eine geringfügige Beschäftigung eventuell den Wünschen der Mütter entspricht.

Es existiert im Niedrigeinkommensbereich bei Müttern die Struktur, dass das häufige Auftreten geringfügiger Beschäftigung bei Alleinerziehenden zu langen Bezugszeiten führt und bei Paarhaushalten eine Angewiesenheit auf Partnereinkommen bestehen bleibt. Zumindest kann bei zwar auftretendem Langzeitbezug durch nicht bedarfsdeckende Erwerbstätigkeit die soziale Teilhabe in begrenztem Umfang realisiert werden.

Literatur

Achatz, Juliane; Hirseland, Andreas; Lietzmann, Torsten; Zabel, Cordula (2013): Alleinerziehende Mütter im Bereich des SGB II. Eine Synopse empirischer Befunde aus der IAB Forschung. IAB-Forschungsbericht 8/2013.

Andreß, Hans-Jürgen (1999): Leben in Armut. Analyse und Verhaltensweisen armer Haushalte mit Umfragedaten. Opladen: Westdeutscher Verlag.

Andreß, Hans-Jürgen; Borgloh, Barbara; Bröckel, Miriam; Giesselmann, Marco; Hummelsheim, Dina (2006): The economic consequences of partnership dissolution. A comparative analysis of panel studies from five European countries. In: European Sociological Review 22, S. 533–560.

Bäcker, Gerhard; Neuffer, Stefanie (2012): Von der Sonderregelung zur Beschäftigungsnorm: Minijobs im deutschen Sozialstaat. In: WSI-Mitteilungen 1/2012, S.13–21.

Baum, Christopher F. (2006): An Introduction to Modern Econometrics Using STATA, College Station: Stata Press.

Becker, Gary S. (1965): A Theory of the Allocation of Time. The Economic Journal 75, S. 493–517.

Becker, Gary S. (1993): Human Capital. A Theoretical and Empirical Analysis with Special Reference to Education, Chicago: University of Chicago Press.

Becker, Gary S. (1998): A Treatise on the Family, Cambridge: Cambridge University Press.

Blau, Francine; Ferber, Marianne A.; Winkler, Anne E. (2001): The Economics of Women, Men, and Work, Englewood Cliffs: Prentice Hall.

Blossfeld, Hans-Peter (1985): Bildungsexpansion und Berufschancen, Frankfurt/Main: Campus.

BMFSFJ [Bundesministerium für Familie, Senioren, Frauen und Jugend] (2013): Vierter Zwischenbericht zur Evaluation des Kinderförderungsgesetzes, Berlin.

Cleves, Mario; Gould, William; Gutierrez, Roberto; Marchenko, Yulia (2010): An Introduction to Survival Analysis Using Stata, College Station: Stata Press.

Dieckmann, Andreas; Voss, Thomas (2004): Die Theorie rationalen Handelns. Stand und Perspektiven. In: Dieckmann, Andreas; Voss, Thomas (Hrsg.): Rational-Choice-Theorie in den Sozialwissenschaften. Anwendungen und Probleme, München: Oldenbourg, S. 13–32.

Ganzeboom, Harry; Treiman, Donald (1996): Internationally Comparable Measures of Occupational Status for the 1988 International Standard Classification of Occupations. Social Science Research 25, S. 201–239.

Ganzeboom, Harry; Treiman, Donald (2003): Three Internationally Standardized Measures for Comparative Research on Occupational Status. In: Hoffmeyer-Zlotnik, Jürgen; Wolf, Christof (Hrsg.): Advances in Cross-National Comparison. A European Working Book for Demographic and Socio-Economic Variables, New York: Kluwer Academic/Plenum Publishers, S. 159–193.

Grabka, Markus; Goebel, Jan; Schupp, Jürgen (2012): Höhepunkt der Einkommensungleichheit in Deutschland überschritten? DIW-Wochenbericht 43/2012, S. 3–15.

Heckman, James (1977): Sample Selection Bias as a Specification Error (with an Application to the Estimation of Labor Supply Functions). NBER Working Paper No. 172.

Heckman, James (1979): Sample Selection Bias as a Specification Error. Econometrica 47/1, S. 153–161.

Hinz, Thomas; Gartner, Hermann (2005): Geschlechtsspezifische Lohnunterschiede in Branchen, Berufen und Betrieben. Zeitschrift für Soziologie 34, S. 22–39.

IAQ; FIA; GendA (2009): Bewertung der SGB II-Umsetzung aus gleichstellungspolitischer Sicht. Abschlussbericht, Duisburg et al.

Koller, Lena; Rudolph, Helmut (2011): Arbeitsaufnahmen von SGB-II-Leistungsempfängern: Viele Jobs von kurzer Dauer. IAB-Kurzbericht 14/2011, Nürnberg.

Lietzmann, Torsten (2009): Bedarfsgemeinschaften im SGB II: Warum Alleinerziehende es besonders schwer haben. IAB-Kurzbericht 12/2009, Nürnberg.

Mincer, Jacob (1962): Labor Force Participation of Married Women: A Study of Labor Supply. In: Lewis, H.Gregg (Hrsg.): Aspects of Labor Economics, Princeton: National Bureau of Economic Research and Princeton University Press, S. 64–105.

Mincer, Jacob (1974): Schooling, Experience and Earnings, New York: Columbia University Press.

Oberschachtsiek, Dirk; Scioch, Patricija; Seysen, Christian; Heining, Jörg (2009): Integrated employment biographies sample IEBS. Handbook for the IEBS in the 2008 version. FDZ-Datenreport 03/2009, Nürnberg.

Rudolph, Helmut; Graf, Tobias; Koller, Lena; Lietzmann, Torsten (2013): Das Administrative Panel (AdminP). Forschungsdaten mit Haushaltskontext zum SGB II. S. 354–357. In: Dietz, Martin; Kupka, Peter; Ramos Lobato, Philipp: Acht Jahre Grundsicherung für Arbeitsuchende. Strukturen – Prozesse – Wirkungen, IAB-Bibliothek 347, Bielefeld: Bertelsmann.

RWI [Rheinisch-Westfälisches Institut für Wirtschaftsforschung] (2012): Studie zur Analyse geringfügiger Beschäftigungsverhältnisse, Essen.

Schimpl-Neimanns, Bernhard (2003): Mikrodaten-Tools: Umsetzung der Berufsklassifikation von Blossfeld auf die Mikrozensen 1973–1998. ZUMA-Methodenbericht 2003/10, Mannheim: ZUMA.

Sörensen, Aage B.; Kalleberg, Arne L. (1981): An Outline of a Theory of the Matching of Persons to Jobs. In: Berg, Ivar (Hrsg.): Sociological Perspectives on Labor Markets, New York: Academic, S. 49–74.

Statistisches Bundesamt (2010): Kindertagesbetreuung regional (2009): Ein Vergleich aller 413 Kreise in Deutschland, Wiesbaden.

Thurow, Lester C. (1975): Generating Inequality. Mechanisms of Distribution in the U.S. Economy, New York: Basic Books.

Van de Ven, Wynand; Van Praag, Bernard (1981): The Demand for Deductables in Private Health Insurance. A Probit Model with Sample Selection. Journal of Econometrics 17, S. 229–252.

Wittek, Rafael; Snijders,Tom; Nee, Victor (2013): Introduction: Rational Choice Social Research. In: Wittek, Rafael; Snijders,Tom; Nee, Victor (Hrsg.): The Handbook of Rational Choice Social Research, Stanford: Standford University Press, S. 1–30.

Wolff, Joachim; Moczall, Andreas (2012): Übergänge von ALG-II-Beziehern in die erste Sanktion: Frauen werden nur selten sanktioniert. IAB-Forschungsbericht 11/2012.

Wrohlich, Katharina (2005): The Excess Demand for Subsidized Child Care in Germany. DIW-Discussion Paper 470. Berlin.

Individuelles Arbeitsmarktverhalten und Überwindung der Bedürftigkeit von Müttern im SGB II: Analyse eines zweistufigen Prozesses

Anhang

Tabelle 4.A1: Deskriptive Statistiken – Anteile in % bzw. Mittelwerte

	Stichprobe Arbeitsaufnahmen		Stichprobe Bedarfsdeckung	
	Allein-erziehende	Mütter in Paarhaushalten	Allein-erziehende	Mütter in Paarhaushalten
Alter jüngstes Kind				
0–2 Jahre	38,4	49,3	27,5	41,1
3–5 Jahre	24,5	22,2	27,1	25,7
6–9 Jahre	19,4	15,1	22,8	17,3
10–15 Jahre	17,7	13,4	22,6	15,9
Qualifikation				
(Fach-)Hochschule	1,9	1,6	2,4	2,4
berufliche Ausbildung	26,5	18,5	38,8	30,0
keine	26,6	23,3	26,8	27,5
Keine Angabe	45,0	56,7	32,0	40,1
Anzahl Kinder unter 14 Jahren				
0 oder 1	70,2	56,6	73,6	60,7
2	22,9	30,3	21,9	30,6
3 oder mehr	6,8	13,1	4,5	8,7
Anzahl Kinder 15 bis unter 18 Jahren				
0	85,9	83,9	83,7	82,8
1	12,1	12,6	14,3	14,0
2	2,1	3,4	2,0	3,2
3 oder mehr	0,0	0,0	0,0	0,0
Anzahl weitere Personen (18 bis unter 25 Jahre)				
0	98,1	97,1	97,5	96,6
1	1,7	2,4	2,4	2,8
2	0,2	0,6	0,2	0,5
3 oder mehr	0,0	0,0	0,0	0,0
Nationalität				
deutsch	82,1	68,7	86,5	78,5
nicht deutsch	17,9	31,3	13,5	21,5
Region				
Westdeutschland	64,3	64,9	64,8	59,2
Ostdeutschland (inkl. Berlin)	35,7	35,1	35,2	40,8
Kreistyp				
Kernstädte	46,8	47,2	43,6	43,8
Verdichtetes Umland	26,9	26,3	28,2	26,4
Ländliches Umland	14,3	15,3	14,9	17,4
Ländlicher Raum	12,1	11,2	13,3	12,5

Anhang

	Stichprobe Arbeitsaufnahmen		Stichprobe Bedarfsdeckung	
	Alleinerziehende	Mütter in Paarhaushalten	Alleinerziehende	Mütter in Paarhaushalten
Familienstand				
ledig	44,7		44,4	
geschieden	19,8		23,3	
getrennt	28,6		25,6	
Sonstige	6,9		6,7	
verheiratet		70,3		64,9
nicht verheiratet		29,7		35,1
Alter				
unter 25 Jahre	19,4	16,6	13,2	12,9
25–34 Jahre	44,3	50,5	45,6	51,7
35–44 Jahre	30,5	27,6	35,1	30,4
45 Jahre oder älter	5,9	5,4	6,0	5,0
Arbeitszeit				
Vollzeit			29,4	27,9
Teilzeit ≤ 18 Std./W.			18,4	17,4
Teilzeit < 18 Std./W.			2,8	2,8
Ausbildung			4,5	2,8
Mini-Job			45,0	49,2
Berufsklassifikation nach Blossfeld				
einfach manuell			11,3	11,8
qualifiziert manuell			5,2	6,2
einfach Dienstleistung			28,2	32,6
qualifiziert Dienstleistung			8,7	7,9
einfach kaufmännisch			19,4	18,5
qualifiziert kaufmännisch			14,6	10,9
Semiprofessionen			9,8	9,2
Professionen/Hochqual.			2,9	3,0
Betriebsgröße				
bis 10 MA			28,2	25,9
11–250 MA			24,2	23,2
251+ MA			42,3	47,1
Keine Angabe			5,4	3,8
Branche				
Erziehung und Unterricht			5,0	4,0
Verarbeitendes Gewerbe			6,9	8,1
Energie- und Wasserversorgung/ Baugewerbe			1,3	1,6

Individuelles Arbeitsmarktverhalten und Überwindung der Bedürftigkeit von Müttern im SGB II: Analyse eines zweistufigen Prozesses

Fortsetzung Tabelle 4.A1

	Stichprobe Arbeitsaufnahmen		Stichprobe Bedarfsdeckung	
	Alleinerziehende	Mütter in Paarhaushalten	Alleinerziehende	Mütter in Paarhaushalten
Handel, Instandhaltung und Reparatur von Kraftfahrzeugen und Gebrauchsgütern			18,6	18,3
Gastgewerbe			12,0	11,8
Verkehr und Nachrichtenübermittlung			3,3	3,4
Kredit- und Versicherungsgewerbe			1,2	0,9
Grundstücks- und Wohnungswesen, Vermietung beweglicher Sachen, Erbringung von wirtschaftlichen Dienstleistungen, anderweitig nicht genannt			25,1	27,9
Öffentliche Verwaltung, Verteidigung, Sozialversicherung			2,3	2,1
Bergbau und Gewinnung von Steinen und Erden			1,1	1,5
Gesundheits-, Veterinär- und Sozialwesen			14,8	14,2
Sonstiges			8,4	6,1
Unbekannt			0,0	0,1
Unterhalt				
kein Unterhalt			20,0	78,6
1 bis unter 200 €			39,3	6,5
200 bis unter 400 €			22,7	4,1
400 € oder mehr			13,0	0,9
Kein Angabe			5,2	9,9
Partner erwerbstätig				50,8
Mittelwerte:				
Regionale Arbeitslosenquote	13,1	13,3	12,6	13,4
Arbeitsmarkterfahrung (in Jahren)	4,5	3,5	5,8	4,9
Arbeitsmarkterfahrung quadriert	40,3	28,3	56,0	42,4
Betreuungsquote unter 3-Jährige	9,4	11,4		
Ganztags-Betreuungsquote unter 3-Jährige	5,1	6,1		
Regionales Mietniveau			3,2	3,2
ISEI-Index			36,9	34,9
N	1.7931	21.135	7.458	6.631

5 Institutionelle Kinderbetreuungs- und Erwerbstätigkeitsarrangements in Deutschland

(Torsten Lietzmann und Claudia Wenzig)

Zusammenfassung

Mit dem Ausbau öffentlicher Kinderbetreuung wird neben dem Ziel der frühkindlichen Bildung vor allem die Verbesserung der Vereinbarkeit von Familie und Beruf verbunden. In diesem Beitrag wird die Inanspruchnahme von öffentlicher Kinderbetreuung im Zusammenhang mit der Erwerbstätigkeit von Müttern analysiert und die sozialen und ökonomischen Mechanismen betrachtet, die zu selektiven Chancen der Inanspruchnahme führen.

Die Analyse an Hand des Panels „Arbeitsmarkt und soziale Sicherung" geht über eine reine Querschnittsbetrachtung hinaus, indem zum einen explizit Panelmodelle zur Erklärung der Inanspruchnahme der Kinderbetreuung bzw. mütterlicher Erwerbstätigkeit modelliert werden. Zum anderen wird konkret das Ineinandergreifen beider Aspekte betrachtet, indem die verschiedenen Kombinationen von Kinderbetreuungs- und Erwerbstätigkeitsarrangements in drei aufeinanderfolgenden Wellen und ihre Determinanten untersucht werden.

Die Inanspruchnahme von öffentlicher Kinderbetreuung erweist sich als stark abhängig vom Alter des Kindes und damit von der Angebotsstruktur. Hinsichtlich der persönlichen Merkmale der Mütter ist der Zugang zum Arbeitsmarkt selektiver als die Nutzung öffentlicher Kinderbetreuung. Bei der Betrachtung der zeitlichen Abfolge zeigt sich, dass insbesondere bei Kindern, die drei Jahre oder älter sind, ein Kindergartenbesuch auch ohne eine Erwerbstätigkeit der Mutter auftritt. Dies spricht dafür, dass für die Entscheidung über die Nutzung öffentlicher Kinderbetreuung nicht nur erwerbsbezogene Gründe ausschlaggebend sind.

5.1 Einleitung

Seit dem 1. August 2013 gilt in Deutschland auch ein Rechtsanspruch auf öffentlich geförderte Kinderbetreuung für unter Dreijährige; für Vorschulkinder über drei Jahren existiert er bereits seit 1996. Für alle Familien, die eine öffentliche Kinderbetreuung nutzen wollen, soll somit ein Angebot in Kindertagesstätten oder der Kindertagespflege zur Verfügung stehen. Im März des Jahres 2012 lag die Betreuungsquote für Kinder unter drei Jahren im Bundesdurchschnitt bei 27,6 Prozent und damit noch unter der Zielmarke von 39,4 Prozent, was dem Betreuungsbedarf der Eltern von unter dreijährigen Kindern entspricht (BMFSFJ 2013, S. 7).

Die öffentliche Kinderbetreuung wird neben dem Ziel der frühkindlichen Bildung vor allem als ein Instrument zur Förderung der Vereinbarkeit von Familie und Beruf genannt. Sie stellt eine Möglichkeit dar, die Betreuung der eigenen Kinder außerfamiliär zu organisieren und somit zeitliche Ressourcen insbesondere bei der Mutter für den Arbeitsmarkt freizusetzen. Die Steigerung der Müttererwerbstätigkeit ist ein zentrales Ziel der Familienpolitik. In internationalen Vergleichen konnte gezeigt werden, dass der Ausbau einer öffentlichen Kinderbetreuungsinfrastruktur dazu geeignet ist, das Armutsrisiko von Familien zu senken (Misra et al. 2007), eine höhere Frauenerwerbstätigkeit zu ermöglichen (Jaumotte 2003; Hegewisch/Gornick 2011) und die Lohneinbußen von Müttern zu verringern (Misra et al. 2011).

In diesem Beitrag wird die Inanspruchnahme von öffentlicher Kinderbetreuung im Zusammenhang mit der Erwerbstätigkeit von Müttern analysiert. Datengrundlage bilden die ersten fünf Wellen des Panels „Arbeitsmarkt und soziale Sicherung" (2007–2011). Sie beziehen sich auf einen Zeitraum, in dem der angesprochene Rechtsanspruch noch nicht besteht.

In einer Situation, in der öffentliche Kinderbetreuung nicht universal zugänglich ist, können soziale und ökonomische Mechanismen bestehen, die zu selektiven Chancen der Inanspruchnahme führen. Es sollen die Determinanten der Inanspruchnahme von Kinderbetreuung auf der einen und einer Erwerbstätigkeit von Müttern auf der anderen Seite identifiziert und das Zusammenspiel dieser beiden Aspekte betrachtet werden. Stellt die Nutzung von öffentlicher Kinderbetreuung eine Voraussetzung für Müttererwerbstätigkeit dar, sollten deren Nutzung und die Erwerbstätigkeit zeitlich miteinander einhergehen. Restriktionen des Zugangs zum Arbeitsmarkt und zur Betreuungsinfrastruktur können jedoch dazu führen, dass eine gewünschte gleichzeitige Inanspruchnahme und Erwerbsintegration nicht realisiert werden kann. Welche sozialen und ökonomischen Ressourcen Familien eine Integration in beiden Dimensionen ermöglichen, soll daher unter Berücksichtigung der zeitlichen Struktur genauer untersucht werden.

5.2 Theorie, Hypothesen und Forschungsstand

Neben der Unterstützung der Entwicklung des Kindes sowie der Bildung und Erziehung in der Familie soll laut Tagesbetreuungsausbaugesetz von 2004 auch die Vereinbarkeit von Erwerbstätigkeit und Kindererziehung verbessert werden. Für Kinder unter drei Jahren sind Plätze mindestens vorzuhalten, wenn die Erziehungsberechtigten erwerbstätig sind, eine Erwerbstätigkeit aufnehmen, sich in einer (Hoch-)Schulausbildung befinden oder in arbeitsmarktpolitischen Maßnahmen sind (Tagesbetreuungsausbaugesetz, S. 3853). Vom Gesetzgeber wird also explizit eine Verknüpfung von Kinderbetreuung und Erwerbstätigkeit der Eltern vorgenommen. In der bisherigen sozialwissenschaftlichen und ökonomischen Forschung wird die Inanspruchnahme von Kinderbetreuung im Erwerbstätigkeitskontext diskutiert. In diesem Artikel greifen wir dementsprechend diesen Ansatz auf.

5.2.1 Erwerbstätigkeitsansatz

Grundlage des Erwerbstätigkeitsansatzes ist ein Handlungsmodell in dem Handlungsentscheidungen nach subjektiven Nutzenabwägungen getroffen werden. Berücksichtigt werden in diesem Beitrag Ressourcen und Restriktionen auf Individual- und Haushaltsebene sowie gesellschaftliche Rahmenbedingungen, die den Möglichkeitsraum und die darin vorhandenen Handlungsoptionen prägen. Dies gilt in diesem Fall insbesondere für die regionale Kinderbetreuungsinfrastruktur.

Die Theorien des Arbeitsangebots (Blau et al. 2001) und der Zeitallokation (Becker 1965) gehen von einer Abwägung des Nutzens einer Erwerbstätigkeit gegenüber Hausarbeit im Familienzusammenhang aus und liefern Hinweise darauf, für welche Mütter eine Erwerbstätigkeit attraktiv ist. Bei einer geschlechtsspezifischen Arbeitsteilung im Haushalt sollte für eine Erwerbstätigkeit der Mutter eine externe Kinderbetreuung Voraussetzung sein. Auf Grund dessen gehen wir davon aus, dass Faktoren, die eine Erwerbstätigkeit beeinflussen, sich auch auf die Neigung, eine Kinderbetreuung in Anspruch zu nehmen, auswirken. Die Bildung stellt in diesem Zusammenhang einen Indikator für das Lohnpotenzial der Mutter dar. Investitionen in Humankapital führen zu einer höheren Produktivität der Beschäftigten, was sich in einem höheren Verdienst ausdrückt (Becker 1993; Mincer 1974). Je höher der erwartete Lohn ist, desto eher sollte sich eine Erwerbstätigkeit der Mutter im Vergleich zu der Zeit, die für Haus- und Familienarbeit verwendet wird, lohnen. Daraus folgern wir als erste Forschungshypothese, dass gut gebildete Mütter eher Kinderbetreuung nutzen und erwerbstätig sein sollten (H 1.1).

In diesen Nutzenerwägungen sollten sich auch die individuellen Präferenzen der Mutter hinsichtlich Haus- oder Erwerbsarbeit Berücksichtigung wiederfinden. Sieht die Mutter ihre geschlechtsspezifische Rolle auch in einer Erwerbstätigkeit bzw. geht nicht davon aus, dass durch eine Berufstätigkeit das Verhältnis zu ihren Kindern gefährdet wird – im Vergleich zu einer reinen Hausfrauenrolle – sollte sowohl eine eigene Erwerbstätigkeit als auch eine Nutzung öffentlicher Kinderbetreuung wahrscheinlicher werden (H 1.2).

Einen gegenteiligen Effekt dürfte die Kinderzahl im Haushalt ausüben. Die eingesetzte Zeit im Haushalt für Kinderbetreuungsaufgaben ist wertvoller, wenn nicht nur ein, sondern mehrere Kinder zu betreuen sind (für die dann auch höhere Kosten bei externer Betreuung anfallen würden).

Dementspechend sollte in Haushalten mit weniger Kindern eine Nutzung öffentlicher Kinderbetreuung und eine Erwerbstätigkeit der Mutter wahrscheinlicher sein (H 1.3).

Die bis hierhin angestellten Überlegungen haben als Voraussetzung, dass die Ergebnisse der haushaltsinternen Nutzenerwägungen auch umgesetzt werden können. In den gesellschaftlichen Rahmenbedingungen sind aber gerade in Deutschland deutliche Einschränkungen der Handlungsoptionen aufgrund des unzureichenden Betreuungsangebotes zu erwarten. Des Weiteren können auf der individuellen Ebene Risikofaktoren existieren, die eine Umsetzung – insbesondere einer Erwerbstätigkeit – behindern, wie z. B. mangelnde Arbeitsmarktchancen. Dies soll im Folgenden näher beleuchtet werden.

5.2.2 Restriktionen

In Deutschland lag in den 90er Jahren Wunsch und Realität einer Erwerbstätigkeit von Müttern im europäischen Vergleich relativ weit auseinander – nur ein Teil der Mütter, die erwerbstätig sein wollten, konnten diesen Wunsch insgesamt und auch im gewünschten Umfang umsetzen (OECD 2001). Ein unzureichendes Angebot an öffentlicher Kinderbetreuung kann als ein wichtiger Grund hierfür angesehen werden. Für den betrachteten Untersuchungszeitraum (2007–2011) herrschte kein ausreichendes Angebot an Kinderbetreuungsplätzen für unter dreijährige Kinder (BMFSFJ 2013). Der deutsche „Markt" für externe Kinderbetreuung ist – im Gegensatz zu anderen Ländern – dadurch gekennzeichnet, dass er zum größten Teil staatlich organisiert ist, die Kosten subventioniert werden und private Anbieter fehlen (Kreyenfeld/Hank 2000; Wrohlich 2006). Das Angebot institutioneller Kinderbetreuung variiert stark mit dem Alter der zu betreuenden Kinder und zwischen den Landesteilen Ost und West. Zum Ende des in dieser Analyse betrachteten Zeitraums im Jahr 2011 lag die Betreuungsquote für unter Dreijährige im Bundesgebiet bei 25 Prozent. Die Quote war im Osten mit 49 Prozent deutlich höher als im Westen (20%). Das Gleiche galt für die Ganztagsbetreuungsquote (mindestens 7 Stunden am Tag) mit 36 Prozent im Osten und 8% im Westen (Gesamt: 13%). Für ältere Kinder von drei bis unter sechs Jahren liegt die Betreuungsquote mit nur geringen regionalen Unterschieden bei 93 Prozent (Statistisches Bundesamt 2011). Insofern sollte die Inanspruchnahme von externer Kinderbetreuung deutlich mit dem Alter des Kindes zunehmen – eine entscheidende Grenze ist bei drei Jahren zu erwarten (H 2.1).

Insbesondere bei unter Dreijährigen sollte eine ausreichende regionale Verfügbarkeit von öffentlicher Kinderbetreuung deren Inanspruchnahme begünstigen, wie beispielsweise van Santen und Prein (2013) zeigen. Die Betreuungsquote sehen wir als Indikator für die relative „Knappheit" von Betreuungsplätzen in der Region, da insgesamt die Nachfrage nach wie vor das Angebot übersteigt und eine Rationierung vorliegt (Müller et al. 2013, S. 5). Darüber hinaus sollte die Verfügbarkeit von Betreuungsplätzen, unter der Annahme, dass der oben skizzierte Zusammenhang von Inanspruchnahme von externer Kinderbetreuung und Müttererwerbstätigkeit zutrifft, auch die Erwerbstätigkeit von Müttern erhöhen. Diese These belegen auch empirische Studien (z. B. Büchel/Spieß 2002; Rainer et al. 2013).

Auch zwischen Ost- und Westdeutschland ist ein Unterschied in der Inanspruchnahme von Kinderbetreuung und Müttererwerbstätigkeit zu erwarten. Es ist allerdings unklar, an welchen Faktoren diese Unterschiede festzumachen sind. Insgesamt ist die Frauenerwerbstätigkeit nach wie vor im Osten höher (Hanel/Riphahn 2011). Ebenfalls sind die Einstellungen ostdeutscher Frauen nach wie vor eher auf Erwerbstätigkeit ausgerichtet (Wenzel 2010) und sie befürworten auch eher eine externe Kinderbetreuung (IfD 2013). Pfau-Effinger und Smidt (2011) betonen, dass für die Erklärung des unterschiedlichen Erwerbsverhaltens von Frauen in Ost und West nicht nur die bessere Betreuungsinfrastruktur, sondern auch ein unterschiedliches kulturelles Verständnis der Frauenrolle von Bedeutung ist.

Wir nehmen hier an, dass nach Kontrolle der Geschlechterrollenbilder kein Ost-West-Unterschied besteht, aber die Nutzung von externer Kinderbetreuung und Müttererwerbstätigkeit in Regionen mit guter Betreuungsinfrastruktur höher ist (H 2.2).

Neben möglichen Einschränkungen bei der Nutzung von öffentlicher Kinderbetreuung kann auch der Zugang zum Arbeitsmarkt zumindest für bestimmte Gruppen begrenzt sein. Die individuelle Qualifikation beeinflusst nicht nur den zu erwartenden Lohn bei einer Erwerbstätigkeit. Sie ist neben anderen persönlichen Merkmalen (z. B. Alter, Migrationshintergrund, Gesundheit) von Bedeutung, was die relative Position im Vergleich zu anderen Stellensuchenden angeht und damit auch für die Chancen, eine Erwerbstätigkeit zu finden (Sörensen/Kalleberg 1981). So sind beispielsweise die Arbeitslosenquoten bei niedrig Gebildeten höher (Weber/Weber 2013). Des Weiteren weisen auch Personen mit Migrationshintergrund (Tucci 2013) und Personen mit gesundheitlichen Einschränkungen (Ross/Mirowski 1995) schlechtere Arbeitsmarktchancen auf.

Dementsprechend erwarten wir eine geringere Müttererwerbstätigkeit bei Frauen, die einen Migrationshintergrund haben, gesundheitlich eingeschränkt oder niedrig gebildet sind (H3).

Bis hierhin haben wir die theoretisch zu erwartenden Einflussgrößen auf die beiden interessierenden Aspekte getrennt voneinander betrachtet. Für einige sind Einflüsse bei beiden abhängigen Aspekten in die gleiche Richtung zu erwarten. Die nächste Frage ist, inwieweit es gelingt, die beiden Aspekte auf Ebene der einzelnen

Familien zu synchronisieren. Aus einer ökonomischen Perspektive wird angenommen, dass bei der Arbeitsangebotsentscheidung von Müttern, die Kosten einer externen Kinderbetreuung einen negativen Einfluss auf das Arbeitsangebot der Mutter ausüben. Diese Kosten stellen fixe Kosten dar, die bei einer Nichterwerbstätigkeit nicht anfallen und insofern wie eine Steuer auf das zu erzielende Erwerbseinkommen wirken (Heckman 1974; Connelly 1992). Insofern sollte es für einen Haushalt bei einer solchen erwerbsbezogenen Perspektive nicht unmittelbar rational sein, Ausgaben für eine externe Kinderbetreuung zu tätigen, ohne zusätzliche Einnahmen aus einer Erwerbstätigkeit der Mutter zu generieren. Einschränkungen bei der Realisierung einer gewünschten Gleichzeitigkeit der beiden Aspekte können auf Grund von selektiv begrenzten Zugangschancen entstehen. So kann es sein, dass trotz individuell guter Arbeitsmarktchancen aufgrund regionaler Einschränkungen kein Betreuungsplatz gefunden wird. Ebenso ist es möglich, erwerbstätig zu sein und die Kinderbetreuung anderweitig zu arrangieren, etwa durch den Partner, die erweiterte Familie oder andere private Arrangements. Auf der anderen Seite können bei günstigen Voraussetzungen für eine öffentliche Kinderbetreuung – ein gutes Betreuungsangebot in der Region – fehlende Arbeitsmarktchancen der Mutter (z. B. schlechte regionale Arbeitsmarktlage, fehlende Qualifikation oder gesundheitliche Einschränkungen) dazu führen, dass eine angestrebte Kombination von öffentlicher Kinderbetreuung und einer Erwerbstätigkeit der Mutter nicht realisiert werden kann. Als vierte Hypothese nehmen wir dementsprechend an, dass in Familien mit multiplen Einschränkungen oder gegenläufigen Bedingungen in den beiden Dimensionen ein gleichzeitiges Muster von Kinderbetreuung und Erwerbstätigkeit seltener auftritt (H 4).

Bis zu diesem Punkt wurden als theoretische Einflüsse auf die betrachtete Entscheidung, öffentliche Kinderbetreuung zu nutzen, diejenigen angesprochen, die in Zusammenhang mit einer Erwerbstätigkeit der Mutter stehen. Grundlage war hier ein eng gefasstes Verständnis der Rationalität, nach der die Entscheidungen im zu Grunde liegenden Handlungsmodell getroffen werden. Nämlich ausgerichtet an der Optimierung des ökonomischen Nutzens mit Berücksichtigung der individuellen Präferenzen. Ob dieses Verständnis ausreichend ist, um die Nutzung von öffentlicher Kinderbetreuung zu beschreiben, wird die empirische Analyse zeigen. So sind auch andere Gründe der Nutzung denkbar, die jedoch im Rahmen von PASS nicht abgebildet werden können; z. B. die Erwartung, dass sich mit dem Besuch einer Kinderbetreuungseinrichtung die Sozialisation und die zukünftigen Bildungschancen des Kindes verbessern.

5.2.3 Forschungsstand

Das Spannungsfeld von Determinanten vorschulischer Kinderbetreuung und mütterlicher Erwerbstätigkeit sowie ihre Beziehung zueinander ist in den letzten Jahren unterschiedlich intensiv untersucht worden.

Eine Reihe von empirischen Studien beleuchten den sozio-ökonomischen Hintergrund der Nutzung formeller/institutioneller Kinderbetreuung.[37] Übereinstimmend kommen die Autoren zu dem Ergebnis, dass die Inanspruchnahme der Kinderbetreuung in Deutschland sozial selektiv ist (Beispiele für neuere Arbeiten sind: van Santen/Prein 2013; Schober/Spieß 2012; Wirth/Lichtenberger 2012; Kreyenfeld/Krapf 2010; Geier/Riedel 2009). Im folgenden Überblick soll daher die Nachfrageseite beleuchtet und haushaltsstrukturelle und mutterorientierte Einflussgrößen herausgegriffen werden (zu den möglichen einschränkenden Faktoren auf der Angebotsseite siehe Kapitel 5.2.2).

Hinsichtlich der haushaltsstrukturellen Merkmale zeigt sich der gängige Befund, dass die Zahl der Geschwister im Haushalt die Wahrscheinlichkeit eines Besuchs in einer Kinderbetreuungseinrichtung senkt (van Santen/Prein 2013, S. 100; Kreyenfeld/Krapf 2010, S. 119 oder Geier/Riedel 2009, S. 23). Dem Haushaltstyp wird als Determinante der Inanspruchnahme in den neueren Studien unterschiedliche Erklärungskraft zugesprochen. Schober und Spieß zeigen mit dem SOEP, dass Kinder von Alleinerziehenden in Westdeutschland eine höhere Wahrscheinlichkeit haben, (ganztags) in der Krippe oder im Kindergarten betreut zu werden (2012, S. 24). Geier und Riedel (2009) können mit DJI-Daten keinen eigenständigen Effekt der Partnerschaftsform auf die Inanspruchnahme im multivariaten Modell feststellen. Wohingegen Kreyenfeld und Krapf (2010, S. 120) zu dem Ergebnis kommen, dass vier- und fünfjährige Kinder mit einem alleinerziehenden Elternteil in Ostdeutschland seltener im Kindergarten betreut werden.

Als weitere wichtige Einflussgröße der Inanspruchnahme erweist sich die finanzielle Ressourcenausstattung eines Haushaltes, was die These der sozialen Selektivität der institutionellen Kinderbetreuung weiter untermauert (Wirth/Lichtenberger 2012). Schober und Spieß (2012) ermitteln für Ostdeutschland anhand des SOEP für Kinder unter drei Jahren aus Arbeitslosengeld-II-Haushalten eine signifikant niedrigere Wahrscheinlichkeit, in einer Kindertagesstätte betreut zu werden (für Westdeutschland ergibt sich jedoch ein gegenläufiger Effekt). Spieß konnte bereits in früheren Arbeiten (Spieß et al. 2002) eine umfassendere Betreuung in Westdeutschland für Kinder aus finanziell bessergestellten Haushalten zeigen.

---

37 Einzelne empirische Studien beziehen neben den sozio-ökonomischen Merkmalen auch Einstellungsmerkmale der Mutter (z. B. Einstellungen zur Kinderbetreuung, Erziehungsstil, Familienbild, Bildungsaspirationen) als mögliche Einflussfaktoren der Inanspruchnahme mit ein (einen Überblick zu diesen Studien siehe z. B. van Santen/Prein 2013, S. 90 f.).

Neben den Einflussgrößen auf Haushaltsebene, rücken empirisch folgende Charakteristika der Mütter in den Vordergrund, um den Besuch einer Kindertagesstätte zu erklären: der Migrationshintergrund, das Bildungsniveau und der Erwerbsstatus.

Dem Migrationshintergrund wird in den meisten Studien eine hemmende Wirkung für die externe Betreuung zugesprochen (z. B. Kreyenfeld/Krapf 2010, S. 122). Jedoch reduziert sich sein Einfluss, wenn in multivariaten Schätzungen die im Haushalt gesprochene Sprache, der Erwerbsstatus, die Bildung und die Einstellungen zu formeller Kinderbetreuung berücksichtigt werden (Schober/Spieß 2012, Geier/Riedel 2009).

Die Betreuungsform des Kindes hängt auch vom Bildungsniveau ihrer Mütter ab. Wirth und Lichtenberger sprechen von einer „Bildungsselektivität" (2012, S. 4), die in nahezu allen untersuchten europäischen Ländern existiert. Geier und Riedel (2009) diagnostizieren insbesondere für dreijährige Kinder mit geringem Bildungshintergrund einen späteren Zugang zu einer Betreuungseinrichtung. Dieser Bildungseffekt zeigt sich bei Kreyenfeld und Krapf (2010, S. 119) sogar durchgängig für die Altersgruppen unter und über drei Jahren sowie für West- und Ostdeutschland.

Übereinstimmend zeigt sich in den verschiedenen Studien auch die Einflusskraft der mütterlichen Erwerbstätigkeit auf die Inanspruchnahme formeller Kinderbetreuung. Erwerbstätige Mütter nehmen signifikant häufiger externe Betreuungsangebote für ihre Kinder wahr. Der Effekt wird umso bedeutsamer, je jünger das Kind ist (Geier/Riedel 2009; Kreyenfeld/Krapf 2010).

Zum Zusammenhang zwischen mütterlicher Erwerbstätigkeit und dem Angebot bzw. der Nutzung von vorschulischer Kinderbetreuung gibt es auch aus dem gespiegelten Blickwinkel empirische Evidenz. So zeigen internationale Studien einen positiven Zusammenhang zwischen dem Ausbau von (preisgünstigen) Betreuungsangeboten und der mütterlichen Arbeitsmarktbeteiligung (für einen Überblick siehe Rainer et al. 2011; Hegewisch/Gornick 2011). Für Deutschland existieren bislang dazu nur wenige Studien. Kreyenfeld und Hank (2000) können auf der Basis des SOEP keine Korrelation zwischen der regionalen Verfügbarkeit von Betreuungseinrichtungen und Erwerbstätigkeit von Müttern feststellen. Wohingegen Spieß und Büchel (2003) zu dem Schluss kommen, dass die regionale Verfügbarkeit von Kindergartenplätzen eine (reduzierte) Erwerbstätigkeit begünstigt und unter Einbezug des Anteils an Ganztagesplätzen eine positive Korrelation unterstellt werden kann. In einer neueren Studie belegen Rainer et al. (2013) den Einfluss von Kinderbetreuung auf die Erwerbstätigkeit von westdeutschen Müttern. Auch Müller et al. (2013) folgern aus ihrer Mikrosimulation mit Verhaltensmodell, dass ein Rechtsanspruch auf einen Krippenplatz kurzfristig zum Anstieg der Betreuungsquote von Ein- bis Zweijährigen wie auch zu einem Anstieg der Beschäftigungsquoten von Müttern führt.

Mithilfe dieses Überblicks zu den neueren Studien sollte das empirische Gewicht der zentralen haushaltsstrukturellen und mütterspezifischen Einflussgrößen der Inanspruchnahme formeller Kinderbetreuung herausgearbeitet werden. Dabei wurde die Rolle des Zusammenspiels zwischen der mütterlichen Erwerbstätigkeit und der außerhäuslichen Betreuung offensichtlich. Unsere Analyse soll darüber hinausgehen, indem zum einen explizit Panelmodelle zur Erklärung der Inanspruchnahme der Kinderbetreuung bzw. mütterlicher Erwerbstätigkeit modelliert werden. Zum anderen analysieren wir konkret das Ineinandergreifen beider Aspekte, indem wir die verschiedenen Kombinationen von Kinderbetreuungs- und Erwerbstätigkeitsarrangements in drei aufeinanderfolgenden Wellen und ihre Determinanten untersuchen.

5.3 Daten und Methoden

Für die Analysen wird das Panel „Arbeitsmarkt und soziale Sicherung" (PASS) verwendet, für das jährlich ca. 15.000 Personen in 10.000 Haushalten befragt werden (repräsentativ für die Wohnbevölkerung in Deutschland). Aufgrund des breiten Fragenspektrums und des innovativen Stichprobendesigns[38] kann PASS als wichtige Datenbasis für die Arbeitsmarkt-, Sozialstaats- und Armutsforschung in Deutschland angesehen werden (Trappmann et al. 2013; zu den inhaltlichen Schwerpunkten siehe Beste et al. 2013).

Datengrundlage für die vorliegenden Analysen sind Vorschulkinder bis sechs Jahre in den befragten Haushalten. Es werden die Befragungswellen eins bis fünf herangezogen und die Fälle ausgewählt, bei denen in drei aufeinanderfolgenden Wellen das Kind maximal sechs Jahre alt ist und noch nicht zur Schule geht. Für diese drei Wellen muss ein Haushaltsinterview und ein Personeninterview der Mutter mit gültigen Angaben zu den abhängigen Variablen (Nutzung Kinderbetreuung und Erwerbsstatus der Mutter) vorliegen. Mit dieser Einschränkung ergibt sich eine Fallzahl von N = 963 Kinder bzw. in der gepoolten Stichprobe der drei Wellen eine Fallzahl von N = 2.889.

Als abhängige Variablen werden die Inanspruchnahme einer institutionellen Betreuung, die mütterliche Erwerbstätigkeit sowie abschließend das Muster beider Arrangements im Zeitverlauf betrachtet.

Von institutioneller Betreuung wird dann gesprochen, wenn das Kind zum jeweiligen Interviewzeitpunkt eine Kindertagesstätte besucht, von einer Tagesmutter oder in einer vergleichbaren Einrichtung betreut wird.

---

38 PASS besteht aus zwei unterschiedlichen Stichproben: eine ALG-II-Empfängerstichprobe (die ab der 2. Welle jährlich um eine Zugangsstichprobe ergänzt wird) und eine Bevölkerungsstichprobe. Dadurch lassen sich je nach Analyse die Ergebnisse sowohl auf die Gruppe der ALG-II-Empfänger wie auch auf die Wohnbevölkerung in Deutschland repräsentativ hochrechnen.

Laut unserer Definition ist eine Mutter dann erwerbstätig, wenn sie zum Interviewzeitpunkt eine Erwerbstätigkeit ausübt (inkl. Mini-Job) oder gerade an einer Ausbildung oder Maßnahme der Bundesagentur für Arbeit teilnimmt, denn für alle diese Aktivitäten ist eine Kinderbetreuung notwendig.

Die unabhängigen Variablen umfassen Merkmale des Kindes selbst, Merkmale des Haushaltes insgesamt (z. B. Haushaltstyp, Kinderzahl) oder beziehen sich auf Merkmale der Mutter wie Bildung, Migrationshintergrund oder Rolleneinstellungen (siehe Tabelle 5.1). Bei veränderlichen Variablen wird bei der Analyse der zeitlichen Muster jeweils die Angabe aus der ersten gültigen Befragungswelle des Untersuchungszeitraums (t0) herangezogen und nachfolgend beschrieben. In den Panelregressionen wird die Information aus der jeweiligen Befragungswelle genutzt.

Tabelle 5.1: Überblick der betrachteten Einflussgrößen zur Inanspruchnahme von Kinderbetreuung, Aufnahme der mütterlichen Erwerbstätigkeit und ihrer gemeinsamen Arrangements

Merkmale (zum Zeitpunkt t0)	Häufigkeit in %/ Mittelwert	Anmerkungen
Abhängige Merkmale		
Institut. Kinderbetreuung		Ein Kind ist institutionell betreut, wenn es eine Kindertagesstätte besucht oder von einer Tagesmutter oder in einer vergleichbaren Einrichtung betreut wird.
ja (Zeitpunkt t0)	41,2	
ja (Zeitpunkt t1)	62,3	
ja (Zeitpunkt t2)	80,2	
Mütterliche Erwerbstätigkeit		Eine Mutter ist erwerbstätig, wenn sie eine Erwerbstätigkeit ausübt (inkl. Mini-Job) bzw. selbständig ist oder gerade an einer Ausbildung oder Maßnahme der Bundesagentur für Arbeit teilnimmt.
ja (Zeitpunkt t0)	39,6	
ja (Zeitpunkt t1)	49,1	
ja (Zeitpunkt t2)	59,3	
Unabhängige Merkmale		
Merkmale des Kindes		
Alter des Kindes		Das Alter der Kinder liegt in Jahren vor. Das Durchschnittsalter liegt in t0 bei 1,9 Jahren.
Unter 1 Jahr	17,0	
1 Jahr	24,4	
2 Jahre	18,7	
3 Jahre	19,7	
4 Jahre	17,3	
Merkmale des Haushaltes		
Region		Die Wohnregion der Haushalte wird nach alten und neuen Bundesländern (mit Berlin) differenziert.
Westdeutschland	81,2	
Ostdeutschland	18,8	
*Haushaltstyp*Erwerbsstatus des Partners*		Die ursprüngliche generierte PASS-Variable Haushaltstyp wurde mit dem Erwerbsstatus des Partners kombiniert und stärker zusammengefasst. In den Panelmodellen war es fallzahlenbedingt möglich, bei Paarhaushalten zusätzlich danach zu unterscheiden, ob das Paar verheiratet ist oder nicht ehelich zusammenlebt.
Paar, Partner nicht erwerbst.	6,4	
Paar, Partner erwerbstätig	57,7	
Paar, k.A. zum Erwerbsst. des Partners	23,5	
Alleinerzieher-Haushalt	10,7	
Sonstige Haushalte	1,7	

Daten und Methoden

Unabhängige Merkmale (zum Zeitpunkt t0)	Häufigkeit in %/ Mittelwert	Anmerkungen
Merkmale der Mutter		
Bildung der Mutter		Die ursprüngliche generierte PASS-Variablen zur Bildungsklassifikation wurde für die Analysen nicht verändert. Zur Generierung der casmin-Variablen siehe Berg et al. (2012, S.63 ff.).
kein Abschluss	4,2	
HS ohne berufl. Abschluss	4,6	
HS mit berufl. Abschluss	7,7	
MR mit berufl. Abschluss	31,1	
MR ohne berufl. Abschluss	5,1	
Abitur	21,7	
Fachhochschule	10,0	
Uni	15,7	
Migrationshintergrund		Ein Migrationshintergrund der Mutter liegt vor, wenn sie selbst oder ein Elternteil nach Deutschland zugezogen ist (siehe Berg et al. 2012, S. 46).
Ja	23,1	
Nein	77,1	
Geschlechterrollenindex		Die Summenindexvariable basiert auf vier Items, die auf einen latenten Faktor zur Messung von Geschlechterrollen laden. (1) „Eine Frau sollte dazu bereit sein, ihre Arbeitszeit zu verringern, um mehr Zeit für ihre Familie zu haben." (2) „Einen Beruf zu haben, ist ja ganz schön, aber das, was die meisten Frauen wirklich wollen, sind ein Heim und Kinder." (3) „Eine berufstätige Mutter kann ein genauso herzliches Verhältnis zu ihren Kindern haben, wie eine Mutter, die nicht erwerbstätig ist." (4) „Die Aufgabe des Ehemannes ist es, Geld zu verdienen, die der Ehefrau, sich um den Haushalt und die Familie zu kümmern." Der Summenindex variiert zwischen 0 und 12. Je höher der Wert, desto egalitärer sind die Einstellungen der Mütter zu den Geschlechterrollen.
Mittelwert	7,2	
Alter der Mutter bei der Geburt des ältesten Kindes im Haushalt		Die Variable entspricht der Differenz des Alters der Mutter und dem Alter des ältesten Kind, das zum Befragungszeitpunkt im Haushalt lebt.
Mittelwert	27,9	
Subjektiver Gesundheitszustand		Der subjektive Gesundheitszustand („Wie würden Sie Ihren Gesundheitszustand in den letzten vier Wochen beschreiben?") wird auf einer fünfstufigen Skala erhoben. Die beiden letzten Kategorien wurden aufgrund der geringen Fallzahlen zusammengefasst.
Sehr gut	14,8	
Gut	48,2	
Zufriedenstellend	23,4	
Weniger gut/schlecht	13,7	
Mutter der Mutter war erwerbstätig		Die Angabe der Mutter bezieht sich auf folgende Frage „Wenn Sie sich an die Zeit zurückerinnern, als Sie 15 Jahre alt waren: War Ihre Mutter damals erwerbstätig?".
Ja	31,4	
Nein	57,6	
Keine Angabe	11,0	
Nichterwerbseinkommen der Mutter		Das Nichterwerbseinkommen des Haushaltes wird bestimmt als Differenz des Haushaltseinkommens insgesamt und der Summe des Einkommens aus Erwerbstätigkeit der Mutter.
Median	2.286,3	

Fortsetzung Tabelle 5.1

Unabhängige Merkmale (zum Zeitpunkt t0)	Häufigkeit in %/ Mittelwert	Anmerkungen
Soziale Herkunft		Die soziale Herkunft der Mutter wird mithilfe der Klassenposition auf der Basis des Berufes des Vaters (gemäß Schema von Eriksson, Goldthorpe und Portocarero) operationalisiert. (Berg et al. 2012, S. 71) Die Ursprungsvariable in PASS wurde für die eigenen Analysen auf sieben Kategorien zusammengefasst.
obere oder mittlere Ränge der Dienstkl.	12,9	
niedrige Ränge der Dienstkl.	12,0	
nicht manuelle Routinetätigk.	6,3	
Selbständiger	14,0	
Techniker	5,1	
Facharbeiter	14,4	
(Land)Arbeiter	19,5	
Nicht bekannt	15,8	
Merkmale der Makroebene		
Kinderbetreuungsquote		Die Kinderbetreuungsquote liegt auf Kreisebene aus Veröffentlichungen des Statistischen Bundesamtes vor (Statistisches Bundesamt 2011) und wurde an die PASS-Daten gespielt.
Arbeitslosenquote		Die Arbeitslosenquote (Jahresdurchschnitt) liegt auf Kreisebene aus der BA-Statistik vor und wurde an die PASS-Daten gespielt.

Quelle: PASS, Welle 1–5, gewichtete Ergebnisse (eigene Berechnungen).

Die Analyse erfolgt in mehreren Stufen. Zunächst werden getrennt die Determinanten der Inanspruchnahme einer institutionellen Kinderbetreuung und diejenigen der mütterlichen Erwerbstätigkeit geschätzt.

Wir gehen dabei über eine reine Querschnittsbetrachtung hinaus, indem wir logistische Panelmodelle anwenden. Random-Effects-Modelle erlauben es, bei gepoolten Querschnittsregressionen zu berücksichtigen, dass die personenspezifischen Fehlerterme der Regressionsgleichungen über die drei betrachteten Wellen zusammenhängen. Darüber hinaus erlaubt es die Panelstruktur der Daten, Informationen der Vorwellen mit zu berücksichtigen. So kann die individuelle Pfadabhängigkeit der Inanspruchnahme der Kinderbetreuung als auch der Erwerbstätigkeit herausgearbeitet werden. Ergänzend kann zusätzlich zu den erwarteten Querschnittskorrelationen zwischen Muttererwerbstätigkeit und der Inanspruchnahme von Kinderbetreuung auch der Zusammenhang der beiden Merkmale mit dem jeweilig anderen Aspekt mit einem Jahr Verzögerung identifiziert werden (cross-lagged effects).

In einer zweiten Stufe wird das Wechselspiel zwischen mütterlicher Erwerbstätigkeit und Inanspruchnahme einer Kinderbetreuung genauer offengelegt. Hierfür werden temporale Muster der gewählten Kinderbetreuungs- und Erwerbstätigkeitsarrangements betrachtet und ihre Einflussgrößen abschließend mithilfe einer multinominalen Regression ermittelt.

Die Muster der unterschiedlichen Arrangements werden jeweils für die drei aufeinanderfolgenden Wellen (Welle 1–3, Welle 2–4 oder Welle 3–5) gebildet und dabei pro Welle die Information zur institutionellen Kinderbetreuung (ja/nein) und zur mütterlichen Erwerbstätigkeit (ja/nein) gemäß der Definitionen herangezogen und miteinander kombiniert. Die Verteilung der auftretenden zeitlichen Muster ist in Tabelle 5.2 dargestellt.

Es wird bereits auf den ersten Blick deutlich, dass bei einem Großteil der Kinder die beiden Arrangements zeitlich nicht Hand in Hand gehen (Tabelle 5.2). Lediglich 41 Prozent der Kinder weisen ein gleichzeitiges Muster auf. Sie werden entweder im Beobachtungszeitraum immer institutionell betreut und auch ihre Mutter ist immer erwerbstätig (21 %; Muster 2), die Betreuungs- und Erwerbsaufnahme erfolgt gleichzeitig in derselben Welle (10 %; Muster 1) oder die Mutter ist nie erwerbstätig und auch die Kinder werden nie institutionell betreut (10 %; Muster 3).

Am häufigsten – bei ca. 30 Prozent der Kinder – tritt die Kombination auf, dass sie außerhäuslich betreut werden, obwohl die Mutter noch keiner oder überhaupt keiner Erwerbstätigkeit nachgeht (Muster 4). Dieses Muster kann unter der strengen Annahme einer erwerbsbezogenen Handlungsentscheidung als weniger rational bezeichnet werden, da hier Kinderbetreuungskosten anfallen, die nicht durch ein Erwerbseinkommen der Mutter kompensiert werden.

Bei einem geringeren Anteil der Kinder kann eine vorgelagerte mütterliche Erwerbstätigkeit beobachtet werden, obwohl keine oder erst später organisierte institutionelle Betreuung in Anspruch genommen wird (16 %; Muster 5).

Bei den verbleibenden 14 Prozent ist ein Muster beobachtbar, das wir zusammenfassend nicht sinnvoll klassifizieren konnten und daher bei der späteren Schätzung der multinomialen Regression ausschließen (Muster 6).

Es zeigen sich deutliche Unterschiede bei der Häufigkeit der einzelnen Muster nach dem Alter des Kindes. Das Muster „immer" umfasst v. a. Kinder ab zwei Jahre, wohingegen im Muster „nie" in über 90 Prozent der Fälle die Kinder unter zwei Jahre alt sind. Eine gleichzeitige Aufnahme findet ebenfalls besonders häufig statt, wenn das Kind zu Beginn des Beobachtungszeitraums unter drei Jahre alt ist. Es entspricht einer Idealvorstellung, in der es Müttern gelingt, nach der Elternzeit (bis zu drei Jahre) wieder erwerbstätig zu sein und dies mit einer institutionellen Kinderbetreuung zu kombinieren. Auf der anderen Seite wird eine Betreuung zeitlich vor oder ohne jegliche Erwerbstätigkeit v. a. bei älteren Kindern genutzt.

Institutionelle Kinderbetreuungs- und Erwerbstätigkeitsarrangements in Deutschland

Tabelle 5.2: Verteilung der Kombinationsmuster von Kinderbetreuungs- und Erwerbstätigkeitsarrangements nach Alter des Kindes (in %)

	Gesamt		Alter zum Zeitpunkt t0				
	in %	N unge-wichtet	Unter 1 Jahr	1 bis unter 2 Jahre	2 bis unter 3 Jahre	3 bis unter 4 Jahre	4 bis unter 5 Jahre
Muster 1: Gleichz. Aufnahme	9,9	84	33,5	36,3	22,6	3,4	4,2
Muster 2: Immer	20,6	166	0,0	8,0	20,4	37,5	34,2
Muster 3: Nie	10,4	100	47,3	44,1	8,3	0,0	0,3
Muster 1 bis 3: Gleichzeitige Muster	40,9	350					
Muster 4: Betr. vor Erwerb.	29,7	370	6,6	16,7	22,2	30,1	24,5
Muster 5: Erwerb. vor Betr.	15,5	111	23,3	62,7	10,3	3,7	0,0
Muster 6: Sonstige	14,0	132	22,7	20,8	22,8	15,3	18,4

Quelle: PASS, Welle 1-5, gewichtet (eigene Berechnungen).

5.4 Ergebnisse

5.4.1 Determinanten der Nutzung von Kinderbetreuung und der Müttererwerbstätigkeit

Bei der Schätzung der Einflussfaktoren der Inanspruchnahme der Kinderbetreuung mithilfe der Random-Effects-Modelle (Modell 1) sind im Großen und Ganzen die theoretisch erwarteten Effekte zu erkennen. Das Alter des Kindes selbst hat einen beträchtlichen, signifikanten Einfluss auf die Nutzung externer Kinderbetreuung: Und zwar je älter das Kind ist, desto höher ist die Wahrscheinlichkeit. Demgegenüber haben der Haushaltstyp (kombiniert mit dem Erwerbsstatus des Partners) und die Anzahl an Geschwistern keinen Einfluss auf die Inanspruchnahme-Wahrscheinlichkeit. Für letztere war explizit erwartet worden, dass mehrere Geschwister den Nutzen der Hausarbeit der Mutter erhöhen und somit eine Selbstbetreuung der Kinder wahrscheinlicher machen sollten.

Haushalte, die zum Interviewzeitpunkt kein Arbeitslosengeld II beziehen, nutzen häufiger als Bezieher-Haushalte eine externe Kinderbetreuung. Bemerkenswert ist, dass dieser Effekt des ALG-II-Bezugs auch unter Kontrolle der regionalen Zugehörigkeit (Ost-West) und des Alters des Kindes besteht.[39] Dies deckt sich zwar

---

[39] Abgesehen von dieser inhaltlichen Interpretation des Effektes ist es aus methodischen Gründen wichtig, diese Variable zu berücksichtigen, da ALG-II-Haushalte in der PASS-Stichprobe stark überrepräsentiert sind.

nicht mit vorhergehenden Studien (Schober/Spieß 2012; Spieß et al. 2002), jedoch kann dies substanziell damit begründet werden, dass die Wahrscheinlichkeit, dass mindestens eine Person im Haushalt nicht erwerbstätig ist, in solchen Haushalten höher ist. Dementsprechend sind die Zeitressourcen für Kinderbetreuung in der Familie höher. Auf der anderen Seite wäre für solche Haushalte eine externe Kinderbetreuung wichtig, um der Mutter eine Erwerbstätigkeit zu ermöglichen und damit die Chance zu schaffen, die finanzielle Situation des Haushaltes zu verbessern.

Die Wahrscheinlichkeit der Inanspruchnahme variiert, wie angenommen, regional: In Kreisen mit einer höheren Betreuungsquote für unter Dreijährige ist die Wahrscheinlichkeit einer Inanspruchnahme auch auf Ebene der einzelnen Familien höher. Nach Kontrolle dieser Betreuungsquoten, die im Osten des Landes deutlich höher sind, zeigen sich keine Unterschiede zwischen den neuen und alten Bundesländern. Dieser Befund entspricht der Hypothese, dass unter Kontrolle der Betreuungsquoten und den individuellen Geschlechterrollenvorstellungen der Mütter, die die kulturellen Unterschiede zwischen Ost- und Westdeutschland zur Frauen- und Mutterrolle abbilden, keine Unterschiede in der Inanspruchnahme von Kinderbetreuung zwischen den beiden Landesteilen zu finden sind.

Die Geschlechterrolleneinstellungen werden hier im Modell berücksichtigt und stellen den wichtigsten Einfluss dar, der von den persönlichen Merkmalen der Mütter ausgeht. Ein höherer Wert auf dem hier gebildeten Geschlechterrollenindex steht für egalitärere Vorstellungen, die Frauen nicht auf eine Hausfrauenrolle festlegen und weibliche Erwerbstätigkeit befürworten, und erhöht die Wahrscheinlichkeit einer öffentlichen Kinderbetreuung signifikant. Eine zweite Variable, die mit Vorstellungen und Erfahrungen hinsichtlich von Müttererwerbstätigkeit zusammenhängt, ist die Frage, ob die eigene Mutter der hier befragten Mütter erwerbstätig war. Wird diese Frage positiv beantwortet, geht dies auch mit einer erhöhten Wahrscheinlichkeit der Inanspruchnahme einher.

Die erreichte Qualifikation der befragten Mutter übt einen eher geringen Einfluss aus, was aufgrund der früheren Ergebnisse eher überrascht (Geier/Riedel 2009; Kreyenfeld/Krapf 2010). Dies kann zumindest teilweise daran liegen, dass die Bildung auch mit dem Geschlechterrollenindex zusammenhängt. Lediglich Hochschulabsolventinnen weisen eine erhöhte Wahrscheinlichkeit für die Nutzung einer öffentlichen Kinderbetreuung auf. Der Migrationshintergrund weist hier keinen signifikanten und der Gesundheitszustand keinen interpretierbaren Einfluss auf.

Der Erwerbsstatus der Mutter erhöht, wie schon in bisherigen Studien (siehe Kapitel 5.2.3) gezeigt wurde, auch in diesem Modell die Inanspruchnahme von Kinderbetreuung deutlich. Ohne Kontrolle des Erwerbstatus verändern sich die Effekte der anderen Kovariablen nicht (Ergebnisse nicht dargestellt). Jedoch sagt die Tatsache, dass öffentliche Kinderbetreuung und eine Erwerbstätigkeit der Mutter häufig gleichzeitig auftreten, noch nichts über eine Richtung der Beziehung zwischen den beiden Aspekten aus. Ist die Kinderbetreuung Voraussetzung für die Erwerbstätigkeit, wie dies die oben skizzierte Theorie nahelegt, oder bietet die Erwerbstätigkeit finanzielle Ressourcen, um eine kostenpflichtige externe Betreuung zu realisieren? Eine Annäherung an die Beziehung zwischen den beiden Aspekten geschieht in zweierlei Hinsicht über die temporale Abfolge (Aufnahme von Vorwelleninformationen und explizite Betrachtung der Muster von Kinderbetreuungs- und Erwerbstätigkeitsarrangements und ihre Determinanten).

Für die Analyse der zeitverzögerten Variablen (Modell 2) muss in der Modellierung der erste Beobachtungszeitpunkt ausgeschlossen werden, da für diesen keine Vorwelleninformationen vorliegen. Somit reduziert sich die Stichprobe (N = 1.676 gegenüber 2.507).[40] Bezüglich der zeitversetzen Variablen in Modell 2 findet man eine starke Pfadabhängigkeit der Kinderbetreuung, da eine bereits in der Vorwelle vorhandene Kinderbetreuung die Wahrscheinlichkeit einer derzeitigen Inanspruchnahme von Kinderbetreuung deutlich und signifikant erhöht. Mit Ausnahme des Alters des jüngsten Kindes und des ALG-II-Bezugs verlieren in Modell 3 die weiteren Kovariablen weitgehend ihren Einfluss. Man findet jetzt aber einen leicht positiven Effekt für Alleinerziehende und einen negativen bei nicht verheirateten Paaren, in denen der Partner nicht erwerbstätig ist.

Gleichzeitig erhöht eine Erwerbstätigkeit der Mutter in der Vorwelle die Wahrscheinlichkeit einer Aufnahme von externer Kinderbetreuung. Man kann hier also zumindest teilweise beobachten, dass die Erwerbstätigkeit eine Voraussetzung für die Inanspruchnahme von öffentlicher Kinderbetreuung darstellt, auch wenn hier die Kinderbetreuungssituation in der Vorwelle der stärkere Prädiktor ist.

---

40 Eine wiederholte Schätzung der Modelle 1 und 3 auf der Basis des reduzierten Stichprobenumfangs erbrachte weitestgehend ähnliche Einflüsse der Kovariablen. Diese Ergebnisse sind auf Anfrage erhältlich.

Tabelle 5.3: Determinanten der Inanspruchnahme externer Kinderbetreuung und Mutter-Erwerbstätigkeit – Random-Effects Panel Regression

	Modell 1	Modell 2	Modell 3	Modell 4
Merkmale des Kindes				
Alter des Kindes				
Unter 1 Jahr	-4,633***		-1,304**	
1 Jahr	-2,110***	-0,582*	-0,841***	0,022
2 Jahre	Ref.	Ref.	Ref.	Ref.
3 Jahre	2,871***	2,115***	-0,067	-0,028
4 Jahre	4,948***	3,474***	0,369	0,380
5 Jahre	5,829***	3,790***	0,663*	0,019
6 Jahre	4,534***	2,402***	1,064***	0,012
Merkmale des Haushaltes				
Haushaltstyp*Erwerbstatus des Partners				
Verh. Paar, Partner nicht erwerbst.	Ref.	Ref.	Ref.	Ref.
Verh. Paar, Partner erwerbstätig	-0,126	0,229	-0,341	-0,121
Verh. Paar, Erwerbst. Partner unbek.	-0,401	-0,164	-0,574	-0,036
Nicht verh. Paar, Partner nicht erwerbst.	-1,094	-1,316*	-0,895	-1,179
Nicht verh. Paar, Partner erwerbstätig	0,669	0,848	-1,210*	-0,417
Nicht verh. Paar, Erw. Partner unbek.	0,328	0,160	-0,713	-0,115
Alleinerziehend	0,651	0,725*	-0,457	0,002
Sonstige Haushalte	-0,606	0,109	0,467	0,511
Anzahl der Geschwister				
Keine Geschwister	Ref.	Ref.	Ref.	Ref.
Ein Bruder/eine Schwester	-0,132	-0,361	-1,248***	-0,350
Zwei Geschwister und mehr	-0,295	-0,377	-1,564***	-0,776***
Arbeitslosengeld-II-Bezug				
Bezug zum Interviewzeitpunkt	Ref.	Ref.	Ref.	Ref.
Kein Bezug zum Interviewzeitpunkt	0,614*	0,955***	2,915***	1,742***
Kinderbetreuung				
Keine Kinderbetreuung			Ref.	
Kinderbetreuung			1,678***	
Regionalmerkmale				
Region				
Westdeutschland	Ref.	Ref.	Ref.	Ref.
Ostdeutschland	0,512	0,773	-2,058***	-0,920
Kinderbetreuungsquote unter 3-Jährige im Kreis	0,041**	0,021	0,068***	0,028*
Arbeitslosenquote im Kreis (Jahresdurchschnitt)	0,010	0,021	-0,060	-0,023

Fortsetzung Tabelle 5.3	Modell 1	Modell 2	Modell 3	Modell 4
Merkmale der Mutter				
Bildung der Mutter				
Kein Abschluss	Ref.	Ref.	Ref.	Ref.
HS ohne berufl. Abschluss	0,770	0,494	-0,434	-0,214
HS mit berufl. Abschluss	0,111	0,012	0,111	0,04
MR mit berufl. Abschluss	-0,195	-0,290	1,394*	0,797
MR ohne berufl. Abschluss	0,190	-0,083	1,087	0,210
Abitur	0,566	0,310	2,280***	1,297**
FH	0,189	-0,044	0,896	0,635
Universität	1,182*	0,768	1,477*	1,163*
Migrationshintergrund				
Ja	0,130	-0,248	-1,068***	-0,549**
Nein	Ref.	Ref.	Ref.	Ref.
Geschlechterrollenindex	0,132***	0,091*	0,136***	0,062*
Mutter der Mutter war erwerbstätig				
Nein	Ref.	Ref.	Ref.	Ref.
Ja	0,457*	0,164	0,546*	0,189
Keine Angabe	0,332	0,115	0,341	0,119
Subjektiver Gesundheitszustand				
Sehr gut	Ref.	Ref.	Ref.	Ref.
Gut	0,389	0,374	0,008	-0,301
Zufriedenstellend	0,683*	0,649*	0,260	-0,277
Weniger gut/schlecht	0,384	0,319	-0,107	-0,327
Erwerbsstatus Mutter				
Mutter nicht erwerbstätig	Ref.			
Mutter erwerbstätig	1,655***			
Panelmerkmale				
Kinderbetreuung (Vorwelle)				
Keine Kinderbetreuung		Ref.		Ref.
Kinderbetreuung		1,853***		0,523*
Erwerbsstatus Mutter (Vorwelle)				
Mutter nicht erwerbstätig		Ref.		Ref.
Mutter erwerbstätig		0,589**		2,446***
Konstante	-6,641***	-6,007***	-4,425	-0,722
N	2.507	1.676	2.507	1.676
N (Gruppen)	932	903	932	903
Log-Likelihood	-755,2	-475,5	-1210,5	-699,3
Rho	0,366	0,000	0,617	0,121
Sigma	1,378	0,003	2,300	0,672
Chi-Quadrat	26,173	0,000	218,220	1,310

Anmerkung: *** p≤0,001; ** p<0,01; * p≤0,05
Weitere Kontrollvariablen: Nichterwerbseinkommen der Mutter, Alter bei Geburt des ältesten Kindes, soziale Herkunft.
Quelle: PASS, Welle 1–5, ungewichtet (eigene Berechnungen).

Für die abhängige Variable „Erwerbstätigkeit der Mutter" wurden analoge Modelle geschätzt (Modelle 3 und 4). Im Vergleich zu den Determinanten der Kinderbetreuung sind diejenigen der Erwerbstätigkeit ähnlich, aber tendenziell (bis auf eine

Ausnahme) stärker ausgeprägt. Diese Ausnahme ist der Einfluss des Alters des Kindes. Der Alterseffekt ist zwar grundsätzlich vorhanden und positiv, d. h. es ergibt sich eine höhere Wahrscheinlichkeit der Erwerbstätigkeit bei älteren Kindern, aber eher schwächer als bei der Kinderbetreuung.

Der ALG-II-Bezug hängt hier ebenfalls negativ mit der Erwerbstätigkeit zusammen, ist aber tendenziell in die andere Richtung zu interpretieren: Fehlende Erwerbstätigkeit erhöht die Wahrscheinlichkeit eines ALG-II-Bezugs (siehe Lietzmann et al. 2013). Im Gegensatz zur Inanspruchnahme von Kinderbetreuung entfaltet hier die Kinderzahl im Haushalt die Wirkung, die von der Arbeitsangebotstheorie erwartet wird: Wenn im Haushalt mehr als ein Kind lebt, sinkt die Wahrscheinlichkeit, dass die Mutter erwerbstätig ist, da die Zeit, die die Mutter auf Hausarbeit verwendet relativ zu einer Erwerbstätigkeit „wertvoller" wird. Einer ähnlichen Logik folgt die Interpretation des negativen Einflusses des Nichterwerbseinkommens der Mutter (nicht dargestellt): Die Arbeitsangebotstheorie nimmt an, dass bei gegebenem erwarteten Lohnniveau, das Arbeitsangebot sinkt, je höher das Nichterwerbseinkommen – also Erwerbseinkommen des Partners, Transferzahlungen – ausfällt.

Die regionale Betreuungsquote wirkt sich auch positiv auf die Erwerbstätigkeit der Mütter aus, es bleibt aber ein negativer Effekt für Ostdeutschland bestehen, der auch nicht von der regionalen Arbeitslosigkeitsquote aufgefangen wird.

Größere Unterschiede bestehen in den Ergebnissen hinsichtlich der Merkmale der Mutter. Ein positiver Einfluss des Geschlechterrollenindex ist auch bei der Kinderbetreuung zu finden, aber der Einfluss des Qualifikationsniveaus ist bei der Schätzung der Wahrscheinlichkeit der Erwerbstätigkeit der Mutter ausgeprägter.

Neben einem positiven Effekt für Mütter mit Universitätsabschluss, ist eine Erwerbstätigkeit auch für Mütter mit Abitur und mit mittlerer Reife und Berufsausbildung wahrscheinlicher. Zudem zeigt sich hier auch der erwartet negative Einfluss des Migrationshintergrunds. Insgesamt zeigt sich beim Zugang zum Arbeitsmarkt für Mütter eine größere Selektivität als bei der Inanspruchnahme öffentlicher Kinderbetreuung. Auch Modell 3 zeigt den Zusammenhang von Erwerbstätigkeit und Inanspruchnahme von Kinderbetreuung deutlich.

Die individuelle Erwerbsbeteiligung ist genauso wie die Nutzung von Betreuungsangeboten stark pfadabhängig, was Modell 4 offenlegt. Die Wahrscheinlichkeit für die Mutter, erwerbstätig zu sein, ist deutlich höher, wenn bereits in der Vorwelle eine Erwerbstätigkeit vorlag. Eine bereits im Vorjahr vorhandene Kinderbetreuung begünstigt ebenfalls eine Aufnahme einer Erwerbstätigkeit. Dies ist ganz im Sinne der Familienpolitik und dem Ausbau an öffentlicher Kinderbetreuung, kann so doch zumindest tendenziell eine Erwerbsbeteiligung für Mütter gefördert werden, was einer Verbesserung der finanziellen Verhältnisse in der Familie als auch der Eigenständigkeit der Mütter zuträglich ist.

Diese Analyse hat auf der einen Seite die Einflussfaktoren der Inanspruchnahme von Kinderbetreuung und Müttererwerbstätigkeit herausgearbeitet und den Zusammenhang untereinander konstatiert. Die zeitliche Abfolge spielt insoweit eine Rolle, als dass der jeweilige Zustand zum vorhergehenden Befragungszeitpunkt den aktuellen Zustand stark bestimmt. Daneben weisen die Kreuz-Koeffizenten darauf hin, dass eine Kinderbetreuung in der Vorwelle die Aufnahme einer Erwerbstätigkeit begünstigt und umgekehrt.

Durch die Betrachtung der zeitlichen Muster von Kinderbetreuungs- und Erwerbstätigkeitsarrangements im nächsten Schritt kann zum einen quantifiziert werden, wie häufig ein gleichzeitiges Auftreten von Kinderbetreuung und Erwerbstätigkeit ist, und wie oft zeitlich verzögerte Muster vorkommen. Zum anderen kann untersucht werden, für welche Familien welche Muster wahrscheinlicher sind. Denn in den bisherigen Analysen ist ebenfalls verborgen geblieben, welche Determinanten für die Kombination von Kinderbetreuung und Erwerbstätigkeit existieren.

5.4.2 Determinanten der Muster von Kinderbetreuungs- und Erwerbstätigkeitsarrangements

Die Verteilung der auftretenden zeitlichen Muster aus öffentlicher Kinderbetreuung und Müttererwerbstätigkeit wurden in Tabelle 5.2 dargestellt. Mit Hilfe einer multinomialen Regressionsanalyse werden im Folgenden Einflussgrößen auf die einzelnen Muster identifiziert (Tabelle 5.4). In welchen Familien treten die einzelnen Muster mit einer höheren bzw. niedrigeren Wahrscheinlichkeit auf? Als Referenzszenario wurde das Muster gewählt, das am häufigsten auftritt (Muster 4): Betreuung liegt zeitlich vor der mütterlichen Erwerbstätigkeit.

Von diesem Muster unterscheiden sich die Muster, in denen Kinderbetreuung und Erwerbstätigkeit der Mutter gleichzeitig auftreten (Muster 1–3). Muster 1 „gleichzeitige Aufnahme" schließt die Fälle ein (10 %), in denen zu Beginn des Beobachtungszeitraums keine Kinderbetreuung genutzt wird und auch die Mutter nicht erwerbstätig ist. Im Laufe des Beobachtungszeitraums werden aber beide Aspekte in derselben Welle gleichzeitig begonnen. Dieses Muster tritt bei jüngeren Kindern mit einer höheren Wahrscheinlichkeit auf als das Referenzszenario (Tabelle 5.4).

Ein Grund dafür ist, dass die Inanspruchnahme der öffentlichen Kinderbetreuung mit dem Alter des Kindes steigt und insbesondere ab dem Kindergartenalter fast von allen genutzt wird – auch ohne dass die Mutter eine Erwerbstätigkeit ausübt oder anstrebt.

Tabelle 5.4: Determinanten der Muster – Multinomiale Regression – Referenzgruppe: Muster 4
(Betreuung liegt zeitlich vor Erwerbstätigkeit)

	Muster 1 Gleichz. Aufnahme	Muster 2 Immer	Muster 3 Nie	Muster 5 Erwerbst. vor Betr.
Merkmale des Kindes				
Alter des Kindes				
Unter 1 Jahr	1,070*	-16,17***	4,778***	2,440***
1 Jahr	1,063**	-1,137*	3,256***	1,878***
2 Jahre	Ref.	Ref.	Ref.	Ref.
3 Jahre	-1,980**	0,450	14,764***	-1,295*
4 Jahre	-2,119***	0,516	-1,521	15,861***
Merkmale des Haushaltes				
Haushaltstyp*Erwerbstatus des Partners				
Paar, Partn. nicht erwerbst.	- a)	0,428	-0,243	1,240*
Paar, Partn. erwerbstätig	0,057	-0,508	-0,973	0,375
Paar, Erwerb. Partn. unbek.	0,253	-0,411	-0,487	-0,028
Alleinerziehend	Ref.	Ref.	Ref.	Ref.
Sonstige Haushalte	-0,127	-0,299	-0,579	0,896
Anzahl der Geschwister				
Keine Geschwister	Ref.	Ref.	Ref.	Ref.
Ein Bruder/eine Schwester	-0,673	-0,497	0,566	-0,535
Zwei Geschwister und mehr	-0,865	-0,661	0,545	-0,650
Arbeitslosengeld-II-Bezug zum Interviewzeitpunkt				
Ja	Ref.	Ref.	Ref.	Ref.
Nein	0,660	2,771***	0,471	1,709***
Regionalmerkmale				
Region				
Westdeutschland	Ref.	Ref.	Ref.	Ref.
Ostdeutschland	-0,701	-2,495*	-2,370*	-0,838
Kinderbetreuungsquote unter 3-Jährige im Kreis	0,008	0,078***	0,015	-0,010
Arbeitslosenquote im Kreis (Jahresdurchschnitt)	-0,004	0,029	-0,011	-0,078
Merkmale der Mutter				
Bildung der Mutter				
Kein Abschluss/HS ohne berufl. Abschluss	Ref.	Ref.	Ref.	Ref.
HS mit berufl. Abschluss	0,304	0,817	1,419*	0,897
MR mit berufl. Abschluss	1,259	1,199*	1,136*	2,154***
MR ohne berufl. Abschluss	1,521*	0,319	1,304*	0,850
Abitur	1,151	1,805**	-0,579	2,282***
FH	0,937	1,178	0,987	1,373
Universität	0,837	1,510*	0,888	0,961
Migrationshintergrund				
Ja	-0,715	-0,583	-0,324	-0,424
Nein	Ref.	Ref.	Ref.	Ref.

Fortsetzung Tabelle 5.4

	Muster 1 Gleichz. Aufnahme	Muster 2 Immer	Muster 3 Nie	Muster 5 Erwerbst. vor Betr.
Geschlechterrollenindex	0,060	0,206***	-0,164*	0,020
Mutter der Mutter war erwerbstätig				
Nein	Ref.	Ref.	Ref.	Ref.
Ja	-0,676	0,188	-0,825*	0,403
Keine Angabe	0,367	-0,224	0,354	0,370
Subjektiver Gesundheitszustand				
Sehr gut	Ref.	Ref.	Ref.	Ref.
Gut	-0,205	0,263	0,751	-0,045
Zufriedenstellend	-0,069	0,066	0,400	-0,279
Weniger gut/schlecht	-0,125	-0,290	0,511	0,010
Konstante	-3,171	-6,577	-1,962	-0,903
N	708			
Pseudo R²	0,395			

Anmerkung: *** $p \leq 0,001$; ** $p < 0,01$; * $p \leq 0,05$
Weitere Kontrollvariablen: Nichterwerbseinkommen der Mutter, Alter bei Geburt des ältesten Kindes, soziale Herkunft.
a) Koeffizient nicht ausgewiesen, wegen zu kleiner Fallzahl in Zelle (n < 5).
Quelle: PASS, Welle 1–5, ungewichtet (eigene Berechnungen).

In die andere Richtung lässt sich das Muster 2 „immer" abgrenzen. Dieses Muster tritt besonders selten auf, wenn das Kind zu Beginn des Beobachtungszeitraums unter zwei Jahre alt ist. Es scheint somit hauptsächlich bei Familien realisierbar zu sein, bei denen das Kind bei Beginn zwei Jahre oder älter ist und für das bereits zu diesem Zeitpunkt eine Kinderbetreuung organisiert werden konnte. Eine höhere Betreuungsquote in der Region erhöht somit auch die Wahrscheinlichkeit für dieses Muster. Persönliche Merkmale der Mutter, die deren Arbeitsmarktchancen und -orientierung reflektieren, begünstigen ebenfalls dieses Muster: Hat die Mutter eine egalitäre Geschlechterrollenvorstellung ist dieses Muster wahrscheinlicher als das Referenzszenario. Die Bildung der Mutter hat hier auch – zumindest tendenziell – einen Effekt. Bei Müttern mit einem mittleren Schulabschluss und einer Berufsausbildung, Abiturientinnen und Hochschulabsolventinnen tritt dieses Muster eher auf. Daneben spielt auch die Notwendigkeit einer Muttererwerbstätigkeit für das Haushaltseinkommen eine Rolle. Dieses Muster ist umso wahrscheinlicher, je geringer das Nichterwerbseinkommen der Mutter ist (nicht dargestellt).

Für das Muster „nie" (10 % der Fälle) ist besonders das Alter des Kindes entscheidend und die eingeschränkte Verfügbarkeit von Betreuungsplätzen für unter Dreijährige. Es ist besonders wahrscheinlich, wenn das Kind in der ersten beobachteten Welle unter zwei Jahre alt ist. Zumindest zum Teil geht dieses Muster aber auch mit den Präferenzen der Mütter einher, denn tendenziell tritt das Muster eher bei denjenigen auf, die keine egalitären Geschlechterrollenvorstellungen aufweisen, d. h. sich zumindest relativ eher für Haus- und Familienarbeit zuständig sehen.

In der letzten Spalte sind die Schätzkoeffizienten für Muster 5 „Erwerbstätigkeit vor bzw. ohne Kinderbetreuung" im Vergleich zum Referenzszenario abgetragen. Dieses Muster ist besonders dadurch charakterisiert, dass das Kind jünger ist als im Referenzmuster. Dies liegt insofern auf der Hand, als für ältere Kinder eine institutionelle Betreuung leichter zugänglich ist und gerade bei den jüngeren Kindern andere Arrangements getroffen werden müssen, wenn die Mutter erwerbstätig sein will. Die Mütter mit mittlerer Reife und Berufsausbildung sowie Abiturientinnen befinden sich überdurchschnittlich häufig in diesem Muster.

Da das Alter des Kindes in den beschriebenen Ergebnissen einen starken Einfluss auf die Musterverteilung ausübt und gerade bei über Dreijährigen institutionelle Kinderbetreuungsangebote weit verbreitet sind, wurde die Analyse auch nur für diejenigen Fälle durchgeführt, bei denen das Kind zu Beginn der Beobachtung unter drei Jahre alt ist.[41] Dahinter steht die Überlegung, dass die Selektivität gerade in diesen Altersgruppen höher ist. Insgesamt stellen sich die Einflüsse sehr ähnlich zur Gesamtstichprobe dar.

5.5 Zusammenfassung

In dem vorliegenden Beitrag werden Determinanten der Inanspruchnahme von institutioneller Kinderbetreuung und des Zusammenhangs mit mütterlicher Erwerbstätigkeit identifiziert.

Resümiert man die Ergebnisse der Panelanalysen, wird deutlich, dass die Einflussfaktoren der mütterlichen Erwerbstätigkeit und der Kinderbetreuung insgesamt in die gleiche Richtung weisen und größtenteils den Hypothesen entsprechen. Der Einfluss des Alters des Kindes ist bei der Inanspruchnahme einer Kinderbetreuung deutlicher ausgeprägt als bei der Erwerbstätigkeit. Auf der anderen Seite zeitigen die Arbeitsmarktressourcen (Bildung, Migrationshintergrund) und -orientierung (Geschlechterrollenbild) bei der Schätzung der Wahrscheinlichkeit einer Muttererwerbstätigkeit die eindeutigeren Einflüsse. Insofern scheint der Zugang zum Arbeitsmarkt bzw. die Entscheidung für eine Erwerbspartizipation sozial selektiver zu sein als der Zugang zur Betreuungsinfrastruktur. Für beide Dimensionen ist aber ein positiver Effekt des Ausbaugrades der institutionellen Kinderbetreuung auf regionaler Ebene zu finden. Dies spricht dafür, dass weitere Investitionen einen Nutzen für die Muttererwerbstätigkeit erwarten lassen und darüber vermittelt für die finanzielle Situation von Familien.

---

41   Die Ergebnistabellen sind auf Anfrage erhältlich.

Wie in vielen bereits vorliegenden Studien wurde festgestellt, dass im Querschnitt die Inanspruchnahme von Kinderbetreuung deutlich wahrscheinlicher ist, wenn die Mutter gleichzeitig erwerbstätig ist. Welche Prozesse dahinterstehen, damit sich dieser Zusammenhang einstellt, war Ausgangspunkt der weiterführenden Analysen, die den Blick auf die temporale Struktur richteten. Zunächst konnte gezeigt werden, dass auf beiden Dimensionen eine starke Pfadabhängigkeit existiert, d. h. eine bereits vorhandene Kinderbetreuung in der Vorwelle deutlich die Wahrscheinlichkeit einer Inanspruchnahme zum Befragungszeitpunkt erhöht. Auf Seiten der Erwerbstätigkeit gilt das Gleiche. Dies wird auch bei der Analyse der Muster von Kinderbetreuungs- und Erwerbsarrangements offensichtlich. Es sind besonders jene gleichzeitigen Musterkombinationen relativ häufig vertreten, in denen entweder immer eine Kinderbetreuung genutzt wird und auch immer eine Erwerbstätigkeit der Mutter auftritt (21 %) oder beide Aspekte nie auftreten (10 %). Damit ist bei unserer Analyse, die lediglich drei aufeinanderfolgende Jahre betrachten kann, die Ausprägung der beiden Dimensionen zum ersten Beobachtungszeitpunkt ein entscheidender Faktor. Wie sich die Nutzung von Kinderbetreuung und die Erwerbstätigkeit der Mutter vor diesem Zeitpunkt (idealerweise seit der Geburt des Kindes) darstellte, kann mithilfe der PASS-Daten leider (noch) nicht berücksichtigt werden. Zwischen diesen beiden Mustern existiert der deutlichste Kontrast. Diejenigen Familien, bei denen im gesamten Beobachtungszeitraum eine Erwerbstätigkeit vorliegt und auch eine öffentliche Kinderbetreuung genutzt wird, haben eher ältere Kinder. Außerdem verfügen die Mütter über egalitäre Geschlechterrollenvorstellungen und eine höhere Bildung, aber ein niedrigeres Nichterwerbseinkommen. Die Mütter von Kindern im „nie"-Muster verfügen im Vergleich aller Muster am ehesten über Geschlechterrollenbilder, die auf eine Hausfrauen- und Mutterrolle hin orientiert sind. Die Familien in beiden Mustern können aus der erwerbsbezogenen Perspektive somit durchaus als rational bezeichnet werden. Für die Familien im „immer"-Muster kommt hinzu, dass eine besser ausgebaute Betreuungsinfrastruktur als ein „ermöglichender" Faktor für die Umsetzung ihrer Präferenzen zum Tragen kommt, da sie tendenziell in Kreisen mit einer höheren Betreuungsquote leben.

Das sozial- und familienpolitisch interessanteste Muster – gleichzeitige Aufnahme von Erwerbstätigkeit und Kinderbetreuung während des Beobachtungszeitraums – tritt mit zehn Prozent eher selten auf. Gerade von den Charakteristika dieser Gruppe ließe sich ablesen, unter welchen Bedingungen nicht erwerbstätige Mütter, die noch keine Betreuungseinrichtung nutzen, einen Arbeitsmarkteintritt realisieren können. Dieses Muster unterscheidet sich vom Referenzmuster nur dadurch, dass die Kinder eher jünger sind. Dies ist zwar ein Hinweis darauf, dass die Verfügbarkeit von Betreuungseinrichtungen eine Erwerbsaufnahme einschränken kann. Andererseits tritt das Muster einer Erwerbstätigkeit, die nicht mit einer öffentlichen Kinderbetreuung einhergeht, etwas häufiger auf. Charakterisiert werden kann letztere Gruppe dadurch, dass das Kind hier auch eher jünger ist und die Mutter über eine gute Qualifikation verfügt.

Am häufigsten tritt das Muster auf, dass öffentliche Kinderbetreuung ohne die Erwerbstätigkeit der Mutter genutzt wird (30 %). Der Grund liegt zum einen darin, dass Kinder über drei Jahre in Deutschland sehr häufig einen Kindergarten besuchen, weil beispielsweise eine bessere Verfügbarkeit gegeben ist oder mit der Inanspruchnahme positive Erwartungen für die Entwicklung des Kindes verbunden sind. Die Familien unterscheiden sich von jenen im „immer"-Muster dadurch, dass sie weniger egalitäre Rolleneinstellungen vertreten und vermutlich etwas seltener eine Erwerbstätigkeit anstreben.

Abschließend kann damit für das zu Grunde liegende Handlungsmodell festgehalten werden, dass strukturelle angebotsinduzierte Restriktionen (Alter des Kindes und damit korrespondierende „Knappheit" von Betreuungsplätzen) die Handlungsoptionen einschränken, aber durchaus auch aus der erwerbsbezogenen Perspektive rationale Konstellationen auftreten. Für ein weiteres Verständnis der auf den ersten Blick nicht rationalen Konstellation einer Kinderbetreuung ohne eine Erwerbstätigkeit wäre es notwendig, die Gründe für diese nicht erwerbsbezogene Nutzung von öffentlicher Kinderbetreuung zu kennen. So können Eltern öffentliche Kinderbetreuung in Anspruch nehmen, weil sie dadurch eine positive Persönlichkeitsentwicklung und bessere Lebenschancen ihrer Kinder erwarten, was auch bildungssoziologische und -ökonomische Studien (z. B. Müller et al. 2013) nahelegen. Hinzu kommt, wie Müller et al. (2013, S. 9) erwähnen, dass in Deutschland soziale Normen und Präferenzen existieren, dass Vorschulkinder, die drei Jahre oder älter sind, einen Kindergarten (i. d. R. halbtags) besuchen – unabhängig von der Erwerbspartizipation der Mutter. Außerdem ist es möglich, dass zunächst eine Kinderbetreuung angestrebt wird und erst wenn das Kind in der Einrichtung eingewöhnt ist, eine Erwerbstätigkeit gesucht wird. Das kommt dann in einer Verzögerung der Erwerbstätigkeit zum Ausdruck. Diese Aspekte werden allerdings im Rahmen von PASS (noch) nicht erhoben. Insgesamt spricht einiges dafür, die Rationalitätsdefinition im Handlungsmodell weiter zu fassen, wie dies in der neueren Rational-Choice-Literatur gemacht wird (Wittek et al. 2013 für einen Überblick). In die Nutzenerwägungen würden nicht nur finanzielle/ökonomische Aspekte eingehen, sondern auch Präferenzen hinsichtlich der Sozialisations-, Bildungs- und Lebenschancen der Kinder.

Literatur

Becker, Gary S. (1965): A Theory of the Allocation of Time. In: The Economic Journal 75, S. 493–517.

Becker, Gary S. (1993): Human Capital. A Theoretical and Empirical Analysis with Special Reference to Education, Chicago University of Chicago Press.

Berg, Marko; Cramer, Ralph; Dickmann, Chistian; Gilberg, Reiner; Jesske, Birgit; Kleudgen, Martin; Bethmann, Arne; Fuchs, Benjamin; Trappmann, Mark; Wurdack, Anja (2012): Codebuch und Dokumentation des ‚Panel Arbeitsmarkt und soziale Sicherung' (PASS). Datenreport Welle 5. FDZ-Datenreport 06/2012, Nürnberg.

Beste, Jonas; Eggs, Johannes; Gundert, Stefanie; Wenzig, Claudia (2013): Instruments and interview programme. In: Bethmann, Arne; Fuchs, Benjamin; Wurdack, Anja (Hrsg.): User Guide "Panel Study Labour Market and Social Security" (PASS). Wave 6. FDZ-Datenreport 07/2013, Nürnberg, S. 23–26.

Blau, Francine; Ferber, Marianne A.; Winkler, Anne E. (2001): The Economics of Women, Men, and Work, Englewood Cliffs: Prentice Hall.

BMFSFJ [Bundesministerium für Familie, Senioren, Frauen und Jugend] (2013): Vierter Zwischenbericht zur Evaluation des Kinderförderungsgesetzes, Berlin.

Büchel, Felix; Spieß. C. Katharina (2002): Kindertageseinrichtungen und Müttererwerbstätigkeit – Neue Ergebnisse zu einem bekannten Zusammenhang. In: Vierteljahreshefte zur Wirtschaftsforschung 71, S. 95–113.

Connelly, Rachel (1992): The Effects of Child Care Costs on Married Women's Labor Force Participation. In: The Review of Economics and Statistics 74, 83–90.

Geier, Boris; Riedel, Birgit (2009): Ungleichheiten der Inanspruchnahme öffentlicher frühpädagogischer Angebote. Einflussfaktoren und Restriktionen elterlicher Betreuungsentscheidungen. In: Hans-Günther Roßbach; Blossfeld, Hans-Peter (Hrsg.): Frühpädagogische Förderung in Institutionen, Wiesbaden, S. 11–28.

Hanel, Barbara; Riphahn, Regina T. (2011): The Employment of Mothers: Recent Developments and their Determinants in East and West Germany. IZA Discussion Paper No. 5752.

Heckman, James (1974): Effects of Child-Care Programs on Women's Work Effort. In: The Journal of Political Economy 82, 136–163.

Hegewisch, Anne; Gornick, Janet C. (2011): The impact of work-family policies on women's employment: a review of research from OECD countries. In: Community, Work & Family 14, S. 119–138.

IfD [Institut für Demoskopie Allensbach] (2013): Akzeptanzanalyse II. Nutzung und Bewertung staatlicher Leistungen für die Betreuung und Förderung von Kindern sowie für die Altersvorsorge von Familien, Allensbach.

Jaumotte, Florence (2003): Female Labour Force Participation and Main Determinants in OECD Countries. OECD Working Paper No. 376.

Kreyenfeld Michaela; Krapf, Sandra (2010): Soziale Ungleichheit und Kinderbetreuung – Eine Analyse der sozialen und ökonomischen Determinanten der Nutzung von Kindertageseinrichtung. In: Becker, Rolf; Lauterbach, Wolfgang (Hrsg.): Bildung als Privileg. Erklärungen und Befunde zu den Ursachen der Bildungsungleichheit, Wiesbaden, S. 107–128.

Kreyenfeld, Michaela; Hank, Karsten (2000): Does the Availabiltity of Child Care influence the Employment of Mothers? Findings from Western Germany. In: Population Research and Policy Review 19, 317–337.

Lietzmann, Torsten; Uhl, Maria; Koller-Bösel, Lena (2013): Ursachen der Hilfebedürftigkeit: Arbeitslosigkeit ist nicht der einzige Risikofaktor. In: IAB-Forum 2/2013, S. 36–41.

Mincer, Jacob (1974): Schooling, Experience and Earnings, New York: Columbia University Press.

Misra, Joya; Moller, Stephanie; Budig, Michelle J. (2007): Work-Family Policies and Poverty for Partnered and Single Women in Europe and North America. In: Gender and Society 21, S. 804–827.

Misra, Joya; Budig, Michelle; Boeckmann, Irene (2011): Work-family policies and the effects of children on women's employment hours and wages. In: Community, Work & Family 14, S. 139–157.

Müller, Karl-Ulrich; Spieß C. Katharina; Wrohlich, Katharina (2013): Rechtsanspruch auf Kitaplatz ab dem zweiten Lebensjahr: Erwerbsbeteiligung von Müttern wird steigen und Kinder können in ihrer Entwicklung profitieren. In: DIW Wochenbericht 32, S. 3–12.

OECD [Organisation for Economic Co-operation and Development] (2001): Balancing Work and Family Life: Helping Parents into Paid Employment. In: OECD (Hrsg.): OECD Employment Outlook, Paris, 129–166.

Pfau-Effinger, Birgit; Smidt, Maike (2011): Differences in Women's Employment Patterns and Family Policies: Eastern and Western Germany. In: Community, Work & Family 14, S. 217–232.

Rainer, Helmut; Auer, Wolfgang; Bauernschuster, Stefan; Danzer, Natalia; Fichtl, Anita; Hener, Timo; Holzner, Christian; Reinkowski, Janina; Werding, Martin (2013): Öffentlich geförderte Kinderbetreuung in Deutschland: Evaluierung der Auswirkungen auf die Arbeitsmarktbeteiligung von Müttern. In: ifo Schnelldienst, 7/2013, S. 31–40.

Rainer, Helmut; Bauernschuster, Stefan; Auer, Wolfgang; Danzer, Natalia; Hancioglu, Mine; Hartmann, Bastian; Hener, Timo; Holzner, Christian; Ott, Notburga; Reinkowski, Janina; Werding, Martin (2011): Kinderbetreuung. Im Auftrag der Geschäftsstelle Gesamtevaluation der ehe- und familienbezogenen Leistungen in Deutschland, München.

Ross, Catherine E.; Mirowsky, John (1995): Does Employment Affect Health? In: Journal of Health and Social Behavior 36, S. 230–243.

Schober, Pia S.; Spieß C. Katharina (2012): Frühe Förderung und Betreuung von Kindern: Bedeutende Unterschiede in der Inanspruchnahme besonders in den ersten Jahren. In: DIW Wochenbericht 43, S. 17–28.

Sörensen, Aage B.; Kalleberg, Arne L (1981): An Outline of a Theory of the Matching of Persons to Jobs. In: Berg, Ivar (Hrsg.): Sociological Perspectives on Labor Markets, New York: Academic, S. 49–74.

Spieß, C. Katharina; Büchel, Felix (2003): Effekte der regionalen Kindergarteninfrastruktur auf das Arbeitsangebot von Müttern. In: Schmähl, Wilfried (Hrsg.): Soziale Sicherung und Arbeitsmarkt, Berlin: Duncker und Humblot, 95–126.

Spieß, C. Katharina; Büchel, Felix; Frick, Jürgen (2002): Kinderbetreuung in West- und Ostdeutschland: Sozio-ökonomischer Hintergrund entscheidend. In: DIW Wochenbericht 31, S. 518–524.

Statistisches Bundesamt (2011): Kindertagesbetreuung regional 2011. Ein Vergleich aller 412 Kreise in Deutschland, Wiesbaden.

Tagesbetreuungsausbaugesetz (2004): Bundesgesetzblatt, Jahrgang 2004, Teil I, Nr. 76.

Trappmann, Mark; Beste, Jonas; Bethmann, Arne; Müller, Gerrit (2013): The PASS panel survey after six waves. In: Journal of Labour Market Research 46, S. 275–281.

Tucci, Ingrid (2013): Lebenssituation von Migranten und deren Nachkommen. In: Statistisches Bundesamt/Wissenschaftszentrum Berlin für Sozialforschung (Hrsg.): Datenreport 2013. Ein Sozialbericht für die Bundesrepublik Deutschland, Bonn, 200–207.

van Santen, Erik; Prein, Gerhard (2013): Effekte der Angebotsdichte sozialstaatlicher Leistungen auf die soziale Selektivität der Inanspruchnahme – Empirische Hinweise an den Beispielen Kinderbetreuung und Jugendzentren. In: Zeitschrift für Sozialreform 59, S. 85–110.

Weber, Birgit; Weber, Enzo (2013): Qualifikation und Arbeitsmarkt: Bildung ist der beste Schutz vor Arbeitslosigkeit. IAB-Kurzbericht 4/2013, Nürnberg.

Wenzel, Stefanie (2010): Konvergenz oder Divergenz? Einstellungen zur Erwerbstätigkeit von Müttern in Ost- und Westdeutschland. In: Gender 2, 59–76.

Wirth, Heike; Lichtenberger, Verena (2012): Form der Kinderbetreuung stark selektiv. Ein europäischer Vergleich der Betreuung von unter 3-jährigen Kindern. In: Informationsdienst soziale Indikatoren 48, 1–5.

Wittek, Rafael; Snijders,Tom; Nee, Victor (2013): Introduction: Rational Choice Social Research. In: Wittek, Rafael; Snijders,Tom; Nee, Victor (Hrsg.): The Handbook of Rational Choice Social Research, Stanford: Standford University Press, S. 1–30.

Wrohlich, Katharina (2006): Labor Supply and Child Care Choices in a Rationed Child Care Market. DIW Discussion Paper Nr. 2053.

6 Zusammenfassung der Hauptergebnisse der Arbeit

In dieser Arbeit sollte der Relevanz von Möglichkeiten der Vereinbarkeit von Familie und Beruf und deren Auswirkungen für die Verbesserung der finanziellen Lage von Familien in prekären Verhältnissen nachgegangen werden. In den Mittelpunkt wurden Mütter in Haushalten, die ALG II beziehen, gestellt und der Kinderbetreuungsaufwand und dessen Wirkung als Indikator für Möglichkeiten der Vereinbarkeit gesehen. Von besonderem Interesse war die Situation alleinerziehender Mütter. Eine Familienform, die im Zuge gesellschaftlicher und familiärer Wandlungsprozesse größere Relevanz erhält. Sie unterliegt aber spezifschen Einschränkungen die sich augenscheinlich auf deren finanzielle Lage auswirken. Es wurde hier geprüft wie Arbeitsmarktintegration von Müttern funktioniert, deren Relevanz für die Überwindung der genannten matriellen Verhältnisse eruiert und vor allem die spezielle Situation von alleinerziehenden Müttern in den Blick genommen.

Für eine längere Bezugsdauer von Leistungen der Gundsicherung für Arbeitsuchende sind nach diesen Ergebnissen keine Eigenschaften der alleinerziehenden Mütter selbst verantwortlich. Dies wurde zwar in der Vergangenheit für die Sozialhilfe (Mädje/Neusüß 1996) zumindest zum Teil festgestellt und häufig international an zu hohen Sozialleistungen festgemacht (Moffit 1992). Hier wurde festgestellt, dass ihre längere Bezugsdauer nicht an den perönlichen Eigenschaften (wie ihrer Ausbildung) festgemacht werden kann, sondern im Vergleich zu Müttern in Paarhaushalten eher an der restriktiveren Wirkung des Betreuungsaufwands liegt (Kapitel 2). Es zeigt sich im Gegenteil eine höhere Erwerbsorientierung (Beste/Lietzmann 2012) und auch eine tatsächlich höhere Übergangswahrscheinlichkeit in Erwerbstätigkeit bei Grundsicherungsbezug (Kapitel 3) als bei Müttern in Paarhaushalten.

Der kürzere Leistungsbezug von Müttern in Paarhaushalten ist häufig auf die Erwerbstätigkeit des Partners zurückzuführen. Es zeigen sich durchaus die Muster des deutschen „Gender Arrangements" eines „modernisierten male Breadwinner"-Modells auch bei Haushalten in der Grundsicherung, obwohl der finanzielle und steuerliche Nutzen hier nicht anfällt. Mütter in Paarhaushalten gelangen häufiger in geringfügige Beschäftigung, wenn ihr Partner bereits erwerbstätig ist (Kapitel 4). Das geht dann auch größtenteils mit einer Überwindung der Bedürftigkeit einher. Mütter in Paarhaushalten ohne erwerbstätigen Partner nehmen eher eine mehr als geringfügige Beschäftigung auf. Dies deutet darauf hin, dass in diesen Familien von den Müttern die Rolle der Familienernährerin angenommen wird. Ob dies aus eigenen Vorstellungen oder aus der prekären Situation heraus entsteht, muss nach diesen Analysen offen bleiben. Alleinerziehende auf der anderen Seite sind zwangsläufig in der Position der Familienernährerinnen. Sie werden aber – und das zeigt Kapitel 3 – viel stärker von den innerfamiliären Kinderbetreungsaufgaben beschränkt. Sie bemühen sich größtenteils um Erwerbsarbeit. Ihre Wahrscheinlichkeit, eine Arbeit aufzunehmen, ist nicht geringer als die von den männlichen Partnern in den Vergleichshaushalten (Kapitel 3). Diese Arbeitsaufnahmen sind aber in größerem Ausmaß in geringfügiger Beschäftigung. Das wird hier auf eine geschlechtsspezifische Arbeitsnachfrage zurückgeführt, da bei den meisten alleinerziehenden Mini-Jobberinnen ein Wunsch nach einem größeren Beschäftigungsumfang besteht (Achatz et al. 2013). Die längere Leistungsbezugsdauer von alleinerziehenden Müttern ist somit allein auf die Haushaltsstruktur zurückzuführen, d. h. die Abwesenheit eines Partners der entweder Erwerbseinkommen einbringen kann oder die Kinderbetreuung übernehmen würde. Die Ergebnisse zu den Paaren deuten allerdings daruf hin, dass größtenteils die Männer für eine umfangreiche Erwerbstätigkeit vorgehsehen sind, obwohl es sich beim SGB II um ein im Prinzip „geschlechtsneutrales" Regime handelt. Eine hauptsächliche Orientierung auf eine Vollzeit-Erwerbstätigkeit des Mannes, bringt neue, von Geschlechtergleichheit inspirierte Handlungsanforderungen, hervor: An die Arbeitsvermittlung, dass auch Mütter in Paarhaushalten aktiviert werden könnten und an die gesellschaftlich-kulturellen Vorstellungen und das Geschlechterrollenverständnis.

Das in diesem Zusammenhang Interessante ist bei diesen Untersuchungen, dass kulturelle und institutionelle Aspekte auch diese Sphäre des Arbeitsmarktes tangieren. Grundsätzlich konnte festgestellt werden, dass die klassischen humankapitaltheoretischen Theorien auch für Mütter im Leistungsbezug von ALG II wirken. Bei alleinerziehenden Müttern zeigen sie aber deutlich auf, dass ein geschlechtsspezifischer Arbeitsmarkt ein Hindernis für eine selbst- und erwerbsttätigkeitsbestimmte Existenz jenseits des Existenzminimums ist. In beiden Fällen von alleinerziehenden und in Paarhaushalten lebenden Müttern ist die zur Verfügungstellung von öffentlicher Kinderbetreuung ein Faktor, der deren Arbeitsmarktbeteiligung begünstigen kann.

Der Zugang zu öffentlicher Kinderbetreuung ist allerdings sowohl sozial bzw. ökonomisch als auch regional selektiv (Kapitel 5). Die Analyse der Inanspruchnahme von Kinderbetreuung gleichzeitig mit einer Muttererwerbstätigkeit hat zweierlei gezeigt: Zum einen gelingt Müttern mit Kindern, die älter als drei Jahre sind, oder in Regionen mit einer hohen Betreuungsquote für unter Dreijährige eher eine Inanspruchnahme und damit auch eher eine Erwerbstätigkeit (dies gilt genauso für Mütter im ALG-II-Bezug; die Ergebnisse dazu wurden nicht dargestellt). Zum Zweiten ist die Inanspruchnahme von öffentlicher Kinderbetreuung mit gleichzeitiger Erwerbstätigkeit der Mutter höher, wenn die Mutter gut qualifiziert ist und auch Geschlechterrolleneinstellungen hält, die geschlechteregalitär sind. Da dies auf einige Alleinerziehende in der Grundsicherung zutrifft, würde ein Ausbau der Kinderbetreungsinfrastruktur erhebliche Verbessserungen für diese und auch andere Familien bedeuten.

Man kann hier festhalten, dass die gängigen Arbeitsmarkttheorien auch für Mütter im Leistungsbezug halten. Das tun sie insbesondere für Alleinerziehende, die zum größten Teil wegen ihrer Haushaltssituation und nicht wegen ihrer persönlichen Arbeitsmarktressourcen und -motivation lange in finanziell prekären Lagen verbleiben. Es gibt aber gesamtgesellschaftlich verankerte und den Arbeitsmarkt wie auch partnerschaftliche Aushandlungen prägende Vorstellungen. Diese haben – neben eher zu geschlechtergleichheit tendierenden Regelungen – nach wie vor eine Auswirkung auf die innerfamiliäre Arbeitsteilung und die Ausgestaltung des Arbeitsmarkts, die gegen die Wünsche der einzelnen Mütter nach existenzsichernder Beschäftigung am Arbeitsmarkt wirken. Besonders bei Alleinerziehenden.

Literatur

Achatz, Juliane; Hirseland, Andreas; Lietzmann, Torsten; Zabel, Cordula (2013): Alleinerziehende Mütter im Bereich des SGB II. Eine Synopse empirischer Befunde aus der IAB Forschung. IAB-Forschungsbericht 8/2013.

Beste, Jonas; Lietzmann, Torsten (2012): Grundsicherung und Arbeitsmotivation. Single-Mutter sucht passenden Job. In: IAB-Forum 1/2012, S. 46–51.

Mädje, Eva; Neusüß, Claudia (1996): Frauen im Sozialstaat. Zur Lebenssituation alleinerziehender Sozialhilfeempfängerinnen. Frankfurt a. M./New York: Campus.

Moffitt, Robert (1992). Incentive effects of the US welfare system: A review. In: Journal of Economic Literature 30, S. 1–61.

Kurzfassung

Die Arbeit befasst sich mit der Frage der Vereinbarkeit von Erwerbstätigkeit und Kinderbetreuung in Haushalten mit niedrigem Einkommen. Insbesondere werden die Chancen analysiert, eine Situation mit begrenzten finanziellen Mitteln verlassen zu können und inwieweit diese Chancen von Kinderbetreuungsaufgaben und dem Zugang zu öffentlicher Kinderbetreuung beeinflusst werden. Im Mittelpunkt der Analyse stehen Mütter in Haushalten, die Leistungen der Grundsicherung für Arbeitsuchende beziehen sowie ihre Möglichkeiten, erwerbstätig zu sein und damit substanziell zu einer Verbesserung der finanziellen Lage der Familie beizutragen. Es wird explizit nach der Familienform, alleinerziehend oder Paarfamilie, unterschieden, da damit eine unterschiedliche Bedeutung der Erwerbstätigkeit der Mutter einhergeht und sich auch die Ressourcen und Restriktionen im Haushalt anders darstellen.

In dieser Arbeit erfolgt eine nähere Analyse des Prozesses einer (nicht) möglichen Überwindung des Leistungsbezugs unter spezieller Berücksichtigung einer etwaigen Erwerbstätigkeit der Mütter in Familien mit Grundsicherungsbezug. Sie soll die Mechanismen aufdecken, die begünstigend oder einschränkend wirken und gängige Theorien zum individuellen Handeln auf dem Arbeitsmarkt (z. B. Humankapital- und Arbeitsangebotstheorie) auf Mütter im unteren Einkommensbereich übertragen. Zum anderen wird die Beendigung des Leistungsbezug erstmals als zweistufiger Prozess betrachtet (Wahrscheinlichkeit einer Arbeitsaufnahme und Wahrscheinlichkeit, damit den Leistungsbezug zu beenden). Es wird geprüft, wie die Arbeitsmarktressourcen der Mütter deren bedarfsdeckende Arbeitsaufnahme beeinflussen und wie dies mit Kinderbetreuungsaufgaben und damit eingeschränkten zeitlichen Ressourcen zusammenhängt. Da die Inanspruchnahme von öffentlicher Kinderbetreuung eine Möglichkeit darstellt, zeitliche Ressourcen für eine Erwerbstätigkeit zu eröffnen, wird daran anschließend untersucht, welche sozialen und ökonomischen Mechanismen den Zugang zur Betreuungsinfrastruktur beeinflussen und inwieweit eine solche Nutzung mit einer Erwerbstätigkeit einhergeht.

Die Ergebnisse der einzelnen Analysen zeigen, dass für eine längere Bezugsdauer von Leistungen der Grundsicherung für Arbeitsuchende von Alleinerziehenden nicht deren Eigenschaften selbst verantwortlich sind, sondern dies im Vergleich zu Müttern in Paarhaushalten eher an der restriktiveren Wirkung des Betreuungsaufwands liegt. Im Gegenteil, es zeigt sich eine höhere Erwerbsorientierung und auch eine tatsächlich höhere Übergangswahrscheinlichkeit in Erwerbstätigkeit bei Grundsicherungsbezug als bei Müttern in Paarhaushalten.

Der kürzere Leistungsbezug von Müttern in Paarhaushalten ist häufig auf die Erwerbstätigkeit des Partners zurückzuführen.

Für eine erweiterte Erwerbsbeteiligung scheint insbesondere bei Alleinerziehenden eine Nutzung externer Kinderbetreuungsmöglichkeiten eine wichtige Voraussetzung zu sein. Der Zugang zu öffentlicher Kinderbetreuung ist allerdings sowohl sozial und ökonomisch als auch regional selektiv. Die Analyse der Inanspruchnahme von Kinderbetreuung gleichzeitig mit einer Muttererwerbstätigkeit hat zweierlei gezeigt: Zum einen gelingt Müttern mit Kindern, die älter als drei Jahre sind oder in Regionen mit einer hohen Betreuungsquote für unter Dreijährige leben, eher eine Inanspruchnahme und damit auch eher eine Erwerbstätigkeit (dies gilt genauso für Mütter im ALG-II-Bezug). Zum zweiten ist die Inanspruchnahme von öffentlicher Kinderbetreuung mit gleichzeitiger Erwerbstätigkeit der Mutter höher, wenn die Mutter gut qualifiziert ist und auch Geschlechterrolleneinstellungen hält, die geschlechteregalitär sind.